El ordenador y las gestiones por internet

ICB Editores (Interconsulting Bureau S.L.)
C/ Flauta Mágica, 1 local 1B
P.I. Alameda 29006 – Málaga. España
Tfno: (+34) 952 28 87 67
info@icbeditores.com
www.icbeditores.com

El ordenador y las gestiones por internet

Coordinadora de la obra: María Dolores Pérez Rodríguez
Licenciada en Pedagogía por la Universidad de Málaga

1ª edición, 07/2025

ISBN: 978-84-19720-92-4
Impreso en España - *Printed in Spain*

Código: MAIC005223

C.20230330104138 - M.20250626103915

ÍNDICE

MÓDULO

1. Componentes básicos ordenador

Contenido del Módulo

ICB
EDITORES

UNIDAD

1.1. Introducción al ordenador (hardware, software)

Contenido de la Unidad

ICB
EDITORES

1. Hardware

El hardware es la parte física (tangible) de la informática e incluye al ordenador en sí, los dispositivos que lo rodean y a los cuales se encuentra conectado (ratón, teclado, impresora...), los cables de conexión y todos aquellos aparatos que bien se nutren o bien muestran la información.

1.1. Tipología y Clasificación

1.1.1. Historia del Ordenador: Orígenes

La informática, aun considerándose como una ciencia joven, tiene unos antiguos orígenes y una larga historia.

El origen de los ordenadores, entendiendo como tales máquinas capaces de procesar información numérica, se remonta al siglo XI antes de nuestra era con la aparición en China del ábaco.

Este instrumento compuesto por unas varillas sobre las que se deslizan unas bolas permite realizar operaciones aritméticas complejas, asignando valores a las bolas y moviéndolas de la forma adecuada. Los romanos llamaron a estas bolas “calculi”, que es el plural de “calculus”, origen de nuestra actual palabra “calcular”.

1.1.2. Los Calculadores Mecánicos

Comenzaron a utilizarse en el siglo XVI con la invención de los logaritmos por John Napier, el cual construyó un juego de barras (tablas de Napier) como ayuda a la multiplicación utilizando logaritmos.

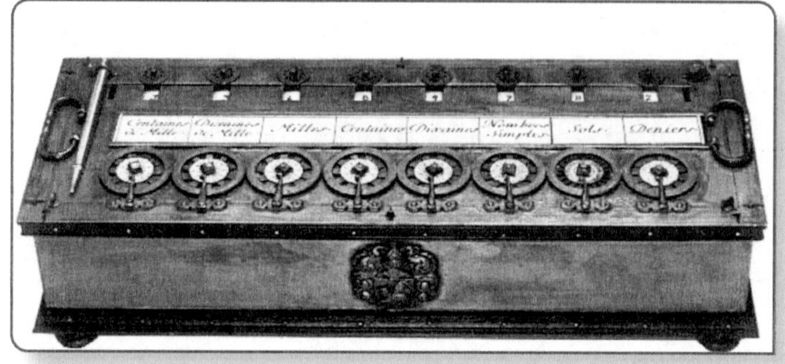

En 1642 el francés Blaise Pascal construyó la que puede considerarse como primera calculadora mecánica, basada en un conjunto de ruedas dentadas y engranajes interconectados que representaban los números 0 a 9; cuando una de las ruedas pasaba del 9 al 0, un trinquete hacía que el engranaje de la izquierda se moviera una unidad hacia adelante. Años más tarde el famoso matemático alemán Gottfried construye, basado en la máquina de Pascal, otra semejante capaz además de multiplicar y dividir.

1.1.3. Los Procesadores Mecánicos

En la siguiente fase de desarrollo de máquinas automáticas se dejó de lado la aritmética y se establecía la idea de procesar la información. De esta forma Charles Babbage dio un gran paso al diseñar su máquina analítica, basada también en engranajes, y que permitía el cálculo de logaritmos con una precisión de 20 decimales.

Esta máquina era una calculadora universal compuesta por los siguientes órganos:

- Un dispositivo de entrada basado en la introducción de fichas perforadas con las instrucciones a realizar, así como los datos a operar.
- Una memoria para almacenar los datos introducidos (mediante engranajes).
- Una unidad de secuenciamiento para ejecutar las instrucciones en el orden deseado.
- Una unidad calculadora para realizar las operaciones aritméticas básicas.
- Un dispositivo de salida sobre tarjetas perforadas para transmitir los resultados.

Esta máquina analítica puede considerarse como el primer ordenador moderno, ya que la estructura básica del mismo no varía mucho de la de los actuales, aunque sí la tecnología empleada.

1.1.4. El Álgebra de los Circuitos Lógicos

En 1847, el matemático inglés George Boole ideó un álgebra que permitía describir y manipular expresiones lógicas. La importancia de este álgebra para los ordenadores modernos reside en que un computador está constituido por redes muy complejas de circuitos, cuya representación en el álgebra de Boole es mucho más precisa y sencilla que con sistemas de representación geométricos o electrónicos.

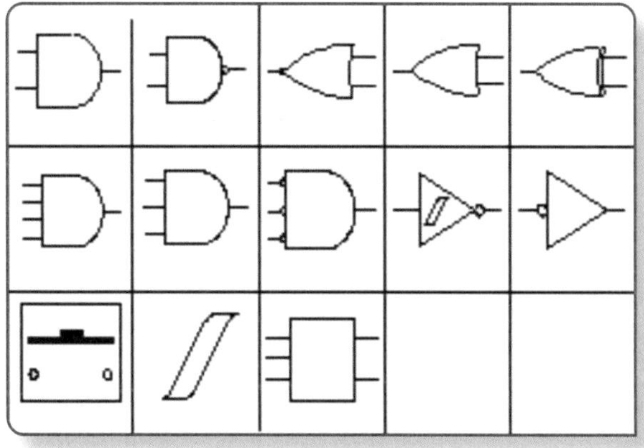

1.1.4.1. Los Tabuladores Mecánicos

A finales del siglo XIX, la oficina del censo de EEUU se encontraba con el problema de tener que censar a toda la población cada 10 años.

La única solución posible consistía en mecanizar el proceso, por lo que el funcionario Herman Hollerith construyó una máquina basada también en las tarjetas perforadas pero con un sistema de conmutadores eléctricos que se encargaban de leerlas.

Se consiguió una velocidad de lectura de 500 tarjetas (individuos) por minuto. El siguiente paso consistió en usar motores eléctricos para automatizar aún más el proceso.

1.1.5. Válvulas Electrónicas. Ordenadores de Primera Generación

Durante la primera mitad del siglo XX, el gran avance en la electrónica dio pie para la construcción de ordenadores más rápidos y silenciosos que los electromecánicos.

En el año 1900 se desarrollaron dos dispositivos que permitían almacenar gran cantidad de información: la cinta magnética y el tambor magnético pero fue en el año 1906 cuando Lee de Forest inventó la válvula de vacío.

Posteriormente, en 1938 el ingeniero Claude Shannon demostró como los circuitos eléctricos trabajando en conmutación pueden realizar operaciones lógicas que pueden describirse mediante el álgebra de Boole.

La primera máquina calculadora totalmente electrónica fue el Electronic Numerical Integrator And Calculator (ENIAC) desarrollada en la Universidad de Filadelfia en 1946. Contenía 18000 válvulas, pesaba 30 toneladas, era capaz de almacenar 20 números decimales y sumaba dos números en 200 microsegundos.

1.1.6. Arquitectura De Von Neumann

En 1946 el doctor John Von Neumann planteó la posibilidad de construir un ordenador en el que no hubiese que variar los circuitos internos al cambiar el programa. Para ello diseñó la siguiente estructura:

- Los datos e instrucciones se codificarán en dígitos binarios y su almacenamiento será común.
- El computador procesará tanto las instrucciones como los datos.
- Debe existir una instrucción de bifurcación que permita discriminar dos instrucciones diferentes.
- El programa debe ser una cadena secuencial de instrucciones.
- En 1952 IBM lanzó el modelo 701 primer ordenador fabricado en serie del tipo Mainframe (máquina grande).

1.1.7. Los Transistores. Ordenadores de Segunda Generación

La invención del transistor en 1958 por W. Shockley señaló el comienzo de una nueva generación de ordenadores, al sustituir las grandes y costosas válvulas por el pequeño y barato transistor de semiconductor. Por otro lado, en 1965 se lanzó el disco magnético rígido de alta velocidad (Winchester) lo que permitió el acceso a grandes volúmenes de datos a muy alta velocidad.

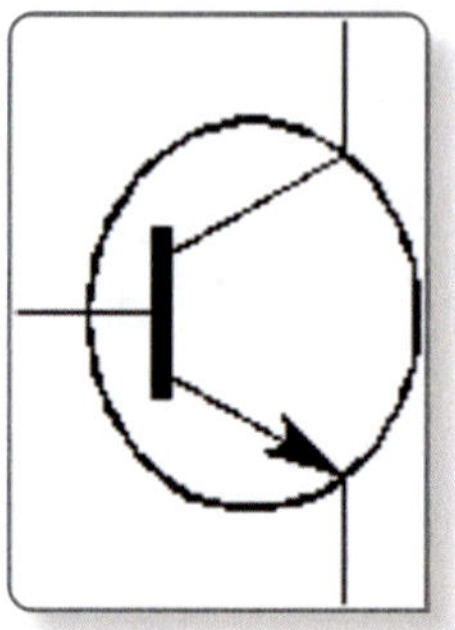

En esta época aparecieron los primeros lenguajes de programación, destacando el FORTRAN, ALGOL, COBOL y BASIC.

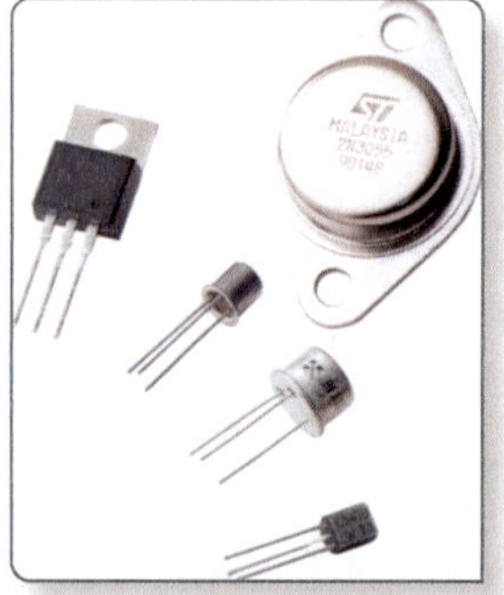

1.1.8. Los Circuitos Integrados. Ordenadores de Tercera Generación

Los circuitos integrados fueron inventados por ingenieros de IBM en la década de los 60 y se componen de miles de transistores interconectados.

El tamaño de las máquinas construidas con esta tecnología disminuyó, y la rapidez de las mismas se incrementó, midiéndose el tiempo de una instrucción en microsegundos (millonésimas de segundo).

Con la llegada del circuito integrado y de los constructores fuera de EEUU (Philips, Siemens, Fujitsu...) aparecen los primeros sistemas operativos o programas que permiten al hombre acercarse al ordenador con menos complicaciones (OS/360, UNIX). En esta época nacen también los lenguajes de programación de segunda generación como el PASCAL, C y LOGO.

1.1.9. Los Microprocesadores. Ordenadores de Cuarta Generación

A partir de la década de los 70, la industria informática sufre un desarrollo espectacular con la aparición de circuitos integrados más potentes, más baratos y más rápidos.

Los microprocesadores y los circuitos LSI (Large Scale Integration) pueden agrupar sobre un soporte de silicio de no más de 1 cm cuadrado hasta 500.000 transistores.

Esto favoreció la aparición de miniordenadores de uso doméstico y bajo coste como el Spectrum, IBM-PC, Amstrad, Commodore, Atari, etc. Paralelamente, nacen sistemas operativos de entorno gráfico (con iconos), herramientas ofimáticas (hojas electrónicas, bases de datos y procesadores de texto) y lenguajes de programación (MODULA-2, Simula y ADA).

1.1.10. Inteligencia Artificial. Ordenadores de Quinta Generación

Esta generación de ordenadores abandona la arquitectura de Von Neumann para permitir operaciones simultáneas (procesos paralelos) que mejoran notablemente la velocidad de proceso.

Con este radical cambio en la velocidad ya es posible simular, mediante un ordenador, el funcionamiento del cerebro humano con las llamadas redes neuronales.

Los ordenadores personales se desarrollan partiendo de la necesidad multimedia, es decir, el tratamiento de imágenes y sonido.

El gran auge que Internet ha asumido está obligando a los nuevos ordenadores a incorporar el hardware necesario para la conexión a la Red de redes.

Se produce un gran desarrollo en software (programas) y una mejora constante de los sistemas operativos, proceso que comenzó a mediados de los ochenta.

El propósito es que el usuario se relacione con los ordenadores con un lenguaje más cotidiano e incluso visual y no a través de códigos o lenguajes de programación demasiado especializados.

El uso del ordenador se hace más fácil y su costo se abarata debido a su uso extendido y a la producción en serie.

Por último, el ordenador portátil se está convirtiendo en una necesidad para aquellos que necesitan llevar la información consigo a cualquier parte del mundo, lo que redunda en un abaratamiento del mismo.

1.1.10.1. Funciones Básicas del Ordenador

El funcionamiento del ordenador sigue tres pasos fundamentales a la hora de procesar la información. En primer lugar, en este dispositivo se produce la entrada de datos, después el ordenador almacena y procesa esos datos y finalmente, produce otros datos distintos a los que entraron originalmente.

En el momento en que el ordenador realiza el procesamiento de datos, se producen distintas funciones, por lo que la información que éste produce puede cambiar de un instante a otro.

Podemos, por tanto, simplificar las funciones del ordenador en los siguientes pasos:

- Recepción o entrada de datos: El ordenador recibe los datos de una fuente exterior para ser procesados.
- Almacenamiento: con anterioridad al proceso, durante y después del mismo, el ordenador guarda los datos en forma codificada.
- Proceso: se produce toda la codificación de los datos almacenados, conservando también los datos resultantes de esa codificación hasta el siguiente paso.
- Salida: el ordenador produce la decodificación de los datos para ser utilizados de forma externa. Éste constituye el último paso de todo el proceso.

1.2. Arquitectura de un Equipo Informático Básico

Las arquitecturas son las distintas ranuras o slots donde se colocan las tarjetas (normalmente llamadas tarjetas de expansión).

Algunas de estas arquitecturas en el pasado fueron:

ISA (Industry Standard Architecture). Es la más antigua y más lenta arquitectura, que soporta un ancho de banda (transferencia de datos por pulso) de 16 bits.

- EISA (Enhanced Industry Standard Architecture). Nace como necesidad de mejorar la arquitectura ISA. Soporta un ancho de banda de 32 bits.
- VESA (Video Electronics Standards Association). Estándar de 24 bits para conectar tarjetas gráficas y obtener mejores resoluciones de pantalla.

Actualmente existen tres arquitecturas diferentes y aquí las tratamos por orden cronológico:

- PCI (Peripheral Component Interconnect: Interconexión de componentes periféricos). Goza del mismo ancho de banda de la arquitectura EISA aunque permite mayores velocidades de transferencia (mayor frecuencia).

- AGP (Accelerated Graphics Port: Puerto acelerado para gráficos). Es un slot de 32 bits y alta velocidad que se utiliza exclusivamente para conectar la tarjeta gráfica del ordenador.
- PCI-EXPRESS (PCI-E o PCIe), se fundamenta en un sistema de comunicación más rápido que PCI y AGP.

Es una evolución de PCI, por el que se consigue aumentar el ancho de banda mediante el incremento de la frecuencia, pudiendo ser 32 veces más rápido que el PCI.

Se utiliza en tarjetas gráficas, convirtiéndose en el estándar en las placas bases.

Los puertos son diferentes conexiones en la placa base que permiten conectar dispositivos. Con la evolución de las placas y la tecnología, alguno de ellos ya no se encuentra en las placas bases estándar.

Los puertos son los siguientes:

- PS/2. Aquí se conectan el teclado y el ratón. Cada vez más en desuso.

- COM. Para conectar un módem externo, un ratón (estándar antiguo) e incluso para unir dos ordenadores entre sí o periféricos externos.
- IDE. Para conectar el o los discos duros, el CD-ROM, DVD y BLUE RAY. Permite la conexión de hasta 2 de estos dispositivos por puerto.
- Serial ATA (SATA). Para conectar el discos duros, el CD-ROM, DVD y BLUE RAY.

- HDMI. Se trata del puerto que más se utiliza hoy para conectar nuestro monitor a la placa base. Nació por la aparición de la resolución HD (1280 x 720) y Full-HD (1920 x 1080), pero también con el objetivo de reunir en un solo conector el audio y el vídeo.
- Paralelo. Para conexión de impresora, escáner y dispositivos de almacenamiento externos (portátiles).
- USB. Para conectar diferentes periféricos que soporten esta tecnología. Se conectan en forma secuencial formando una única cadena.

- Conectores de audio. Realtek es la controladora de audio que llevan incorporada las placas. Suelen tener mínimo dos conectores, para micrófono y salida para altavoces o auriculares. Son para conectar los Jack 3,5 mm que suelen tener los auriculares y micrófonos incorporados.

- Displayport. Se trata de un estándar enfocado a la transmisión de vídeo y audio a través de sistemas informáticos y es la principal alternativa al HDMI.

- Conector RJ45. Sin duda, se trata de uno de los más conocidos por todo el mundo, debido a que se trata del puerto Ethernet. En este puerto conectamos (vulgarmente dicho) el cable del internet que sale de nuestro router.

- Conector VGA (Video Graphics Array). Este conector está en vías de extinción por culpa de la aparición del HDMI, pero siempre lo vemos en todas las placas base. Se trata de un puerto de salida de vídeo que utilizamos para conectar el monitor al PC. Gracias a este puerto podemos ver todo lo que pasa en el ordenador.
- Conector DVI (Digital Visual interface). Actualmente se utiliza para conectar monitores que actúen de segunda pantalla o para aprovechar los Hercios de un monitor gaming que tengamos, como pasa con los de 144 Hz, cosa que no es posible hacer con un simple HDMI o un cable VGA.

1.3. Componentes: Unidad Central de Proceso (CPU), Memoria Central y Tipos de Memoria

Un ordenador se compone de diferentes piezas que se encuentran ensambladas en su interior.

En una primera aproximación vamos a describir cada una de estas piezas, que pasaremos a explicar más detalladamente en epígrafes posteriores.

- La placa base o placa madre (mainboard) es el componente principal, pues es donde irán conectados los demás elementos.

- La CPU (Central Process Unit: Unidad central de procesamiento) o microprocesador es el cerebro principal del ordenador, ya que se encarga de realizar los cálculos aritméticos y lógicos.

- La memoria RAM es donde se almacenan temporalmente los datos que van a ser procesados. Una vez apagamos el ordenador, estos datos se pierden definitivamente (almacenamiento volátil).

- El disco duro (Hard Disk) o unidad de almacenamiento masivo es donde se almacenan los programas que van a ser utilizados, así como los datos que debamos guardar (almacenamiento permanente).

- Las tarjetas son componentes que permiten realizar tareas específicas. Muchas de las placas bases actuales, ya incluyen tarjeta gráfica, tarjeta de sonido y tarjeta de red. Se pueden mejorar las prestaciones de éstas con una tarjeta gráfica de más memoria y resolución. Existe una amplia gama como la tarjeta de captura de vídeo, tarjeta de TV, de radio, infrarrojos, Wifi, etc.

1.3.1. El Procesador y el Disipador

El procesador es el elemento más importante en el ordenador, pues es el que realmente realiza los cálculos y marca las prestaciones de todo el conjunto.

Actualmente existen dos fabricantes para PC: Intel y Amd; por ejemplo los ordenadores Macintosh de Apple están equipados con procesadores Intel.

Originalmente, los procesadores se fabricaban con un solo núcleo que hacía todo el trabajo, pero con el paso del tiempo se dieron cuenta de que uno solo no podía hacer todo el trabajo y gracias a la reducción de las litografías, pudieron integrar cada vez más núcleos dentro de los procesadores.

A día de hoy los procesadores de cuatro núcleos son los más utilizados, pero tanto Intel como AMD están ofreciendo cada vez más cantidad de núcleos y ya no es raro ver procesadores de ocho o incluso más núcleos en entornos domésticos, pudiendo llegar a ofrecer como los 32 del AMD Threadripper 3970X.

Cada uno de los núcleos es en esencia un procesador en sí mismo, y permite que el conjunto pueda realizar muchas tareas paralelas, si bien es cierto que la efectividad de esto depende del software.

La memoria caché de un ordenador es la encargada de almacenar las operaciones que más se utilizan, con el fin de acelerar el proceso.

Lo último es la implementación de la nueva arquitectura de 0.25 micras, que viene a sustituir la empleada de 0.35 micras. Esto va a significar que la velocidad se incrementará un 33% de medida respecto a los anteriores procesadores.

Se prevé que podremos disfrutar de una arquitectura de 0.07 micras, lo que equivaldrá a introducir en el procesador mil millones de transistores, pudiendo llegar a alcanzar una velocidad de reloj cercana a los diez mil MHz, es decir, diez GHz.

Todos los procesadores soportan instrucciones orientadas a la multimedia, estas instrucciones consiguen que sea el propio procesador el que acelere la tarjeta gráfica cuando se requieran imágenes en tres dimensiones así como la de sonido.

Además, los propios sistemas operativos son los que se van aprovechando de esta tecnología para conseguir las mayores capacidades multimedia posibles. Las velocidades de trabajo de estos procesadores, que se mide en una unidad de frecuencia, se va incrementando rápidamente a lo largo del tiempo, llamada Mega Hertzios (MHz) o el equivalente, Giga Hertzio (GHz).

El disipador es un dispositivo metálico que se utiliza para poder mantener la temperatura del procesador a unos niveles óptimos.

El disipador se coloca encima del procesador y sobre él se coloca un ventilador.

El funcionamiento se basa en la segunda ley de la termodinámica, por la que se transfiere el calor de la parte caliente al aire. Este proceso se logra agrandando la superficie en contacto con el aire, de esta manera nos permite una eliminación más rápida del calor.

1.3.2. La Memoria y Tipos de Memoria

En el ordenador existen distintos tipo de memoria, como puede ser la ROM, RAM,y Cache. Por su importancia nos vamos a centrar en la memoria RAM (Random Access Memory: Memoria de acceso aleatorio) es donde se almacenan temporalmente los datos y las instrucciones que van a ser procesadas. En realidad son unas tarjetas finas y alargadas con chips en la superficie. En cuanto al diseño existen dos tipos:

- SIMM

- DIMM

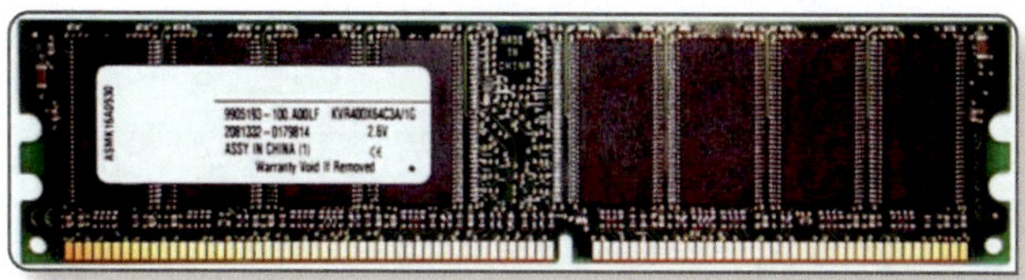

Los módulos denominados SIMM (Single In-line Memory Module). Estos módulos sólo tenían contactos en una de sus caras. Los primeros tenían 30 contactos, con el tiempo pasaron a tener 72 contactos.

Los módulos del tipo DIMM (Dual In-line Memory Module) fueron los que sustituyeron a los SIMM, en la actualidad es el tipo de memoria que se utiliza.

Los módulos emplean distintos tipos de memoria, y según éstos su clasificación puede ser la siguiente:

- DRAM (Subepígrafe).

  El tipo de memoria utilizada en los primeros módulos fueron las denominadas DRAM (Dynamic RAM), (tanto en los SIMM como en los primeros DIMM). El costo de este tipo de memoria es más barato que las SDRAM, pero presenta el inconveniente de ser bastante más lenta, con el paso del tiempo ha dejado de utilizarse.

- SDRAM (Subepígrafe).

  En la actualidad se emplea la memoria denominada SDRAM (Synchronous Dynamic RAM) (con SDRAM se identifica un tipo de módulos de memoria, en realidad todos los módulos actuales son SDRAM).

  Las memorias SDRAM a su vez pueden dividirse en varios tipos, éstos son:

  - SDR: los módulos SDR (Single Data Rate) se les conoce habitualmente como SDRAM, como ya hemos comentado. Está compuesto por módulos del tipo DIMM, de 168 contactos, y la velocidad del bus de memoria va desde los 66MHz a los 133MHz. Se comenzó a utilizar con los Pentium II y se dejaron de utilizar con la aparición de los Pentium 4 de Intel y los procesadores Athlon XP de AMD.

- DDR: denominados DDR SDRAM (Double Data Rate SDRAM) son el progreso de los SDR. Son del tipo DIMM, tienen 184 contactos y 64bits, su velocidad de bus de memoria oscila entre 100MHz y 200MHz; al realizar dos accesos por ciclo de reloj, las velocidades efectivas de trabajo se sitúan entre los 200MHz y los 400MHz. Se comenzaron a utilizar con el lanzamiento de los Pentium 4 y Athlon XP.
- DDR2: también conocidos como DDR2 SDRAM, constituyen la evolución de los DDR SDRAM. Son de tipo DIMM, de 240 contactos y 64bits. Sus velocidades de bus de memoria real oscilan entre los 100MHz a 266MH. Son capaces de realizar cuatro accesos por ciclo de reloj (dos de ida y dos de vuelta), lo que hace que su velocidad efectiva de trabajo se multiplique por cuatro.
- DDR4: son en la actualidad el último y más reciente tipo de memorias.
- DDR5: próximamente saldrá La memoria RAM DDR5 tendrá una frecuencia base de 4800 MHz y se podrá encontrar en densidades de hasta 128 GB por módulo de memoria (aunque se espera que esto crezca hasta los 256 GB).

1.3.3. Los Zócalos de Memoria

Son las ranuras (zócalos) que se encuentran en la placa base y albergan los módulos de memoria.

Es recomendable instalar los módulos de memoria con mucho cuidado, pues éstos se podrían dañar, ya que son elementos muy delicados.

1.3.4. Funcionamiento de la Memoria

DIRECCION	CONTENIDO																																	
101010101010	0	0	1	0	1	0	1	0	0	1	0	1	0	0	0	0	1	0	0	1	0	0	1	0	0	0	0	1	0	1	0	1	0	1	0
101010100000	0	0	1	0	0	0	1	0	1	1	0	1	1	0	1	0	0	1	1	0	0	0	0	0	0	0	0	1	0	0	0	0	0	0	0
101010101010	0	0	1	0	0	0	1	0	1	1	0	1	1	0	1	0	0	1	1	0	0	0	0	0	0	0	0	1	0	0	0	0	0	0	0
100010101001	0	0	1	0	0	0	1	0	1	1	0	1	1	0	1	0	0	1	1	0	0	0	0	0	0	0	0	1	0	0	0	0	0	0	0
001010100100	1	0	1	0	1	1	1	0	1	1	0	1	0	0	0	0	0	1	1	0	0	0	0	1	1	0	0	1	0	0	0	0	0	0	1
110101010100	0	0	1	0	0	0	1	0	1	1	0	1	1	0	1	0	0	1	1	0	0	0	0	0	0	0	0	1	0	0	0	0	0	0	0
100101001101	1	1	1	0	0	0	0	0	1	1	0	1	0	0	1	0	1	1	1	0	0	1	0	1	1	0	0	0	0	0	0	0	0	0	0
101010100011	0	0	1	0	0	0	1	0	1	1	0	1	1	0	1	0	0	1	1	0	0	0	0	0	0	0	0	1	0	0	0	0	0	0	0
110101001001	1	0	1	0	1	1	1	0	1	1	0	1	0	0	0	0	0	1	1	0	0	0	0	1	1	0	0	1	0	0	0	0	0	0	1
101000010001	0	0	1	0	0	0	1	0	1	1	0	1	1	0	1	0	0	1	1	0	0	0	0	0	0	0	0	1	0	0	0	0	0	0	0
001001000100	0	0	1	0	0	0	1	0	1	1	0	1	1	0	1	0	0	1	1	0	0	0	0	0	0	0	0	1	0	0	0	0	0	0	0
100100000000	1	0	1	0	1	1	1	0	1	1	0	1	0	0	0	0	0	1	1	0	0	0	0	1	1	0	0	1	0	0	0	0	0	0	1
100010101001	0	0	1	0	0	0	1	0	1	1	0	1	1	0	1	0	0	1	1	0	0	0	0	0	0	0	0	1	0	0	0	0	0	0	0
001010100100	1	0	1	0	1	1	1	0	1	1	0	1	0	0	0	0	0	1	1	0	0	0	0	1	1	0	0	1	0	0	0	0	0	0	1
110101010100	0	0	1	0	0	0	1	0	1	1	0	1	1	0	1	0	0	1	1	0	0	0	0	0	0	0	0	1	0	0	0	0	0	0	0
100101001101	1	1	1	0	0	0	0	0	1	1	0	1	0	0	1	0	1	1	1	0	0	1	0	1	1	0	0	0	0	0	0	0	0	0	0
101010100011	0	0	1	0	0	0	1	0	1	1	0	1	1	0	1	0	0	1	1	0	0	0	0	0	0	0	0	1	0	0	0	0	0	0	0
110101001001	1	0	1	0	1	1	1	0	1	1	0	1	0	0	0	0	0	1	1	0	0	0	0	1	1	0	0	1	0	0	0	0	0	0	1
101000010001	0	0	1	0	0	0	1	0	1	1	0	1	1	0	1	0	0	1	1	0	0	0	0	0	0	0	0	1	0	0	0	0	0	0	0
001001000100	0	0	1	0	0	0	1	0	1	1	0	1	1	0	1	0	0	1	1	0	0	0	0	0	0	0	0	1	0	0	0	0	0	0	0
011111110000	0	0	1	0	0	0	1	0	1	1	0	1	1	0	1	0	0	1	1	0	0	0	0	0	0	0	0	1	0	0	0	0	0	0	0
100101010101	1	1	1	0	0	0	0	0	1	1	0	1	0	0	1	0	1	1	1	0	0	1	0	1	1	0	0	0	0	0	0	0	0	0	0
100101001010	0	0	1	0	1	0	1	0	0	1	0	1	0	0	0	0	1	0	0	1	0	0	1	0	0	0	0	1	0	1	0	1	0	1	0
100000001111	1	0	1	0	1	1	1	0	1	1	0	1	0	0	0	0	0	1	1	0	0	0	0	1	1	0	0	1	0	0	0	0	0	0	1
110101010111	1	0	1	0	1	1	1	0	1	1	0	1	0	0	0	0	0	1	1	0	0	0	0	1	1	0	0	1	0	0	0	0	0	0	1

La memoria consta de una serie de celdas que pueden contener un determinado número de bits. Cuanto mayor sea el espacio de almacenamiento de cada una de estas celdas, mayor será la velocidad de procesamiento.

Cada una de esas celdas viene referenciada por una única dirección, de forma que cuando el procesador quiera leer o escribir un dato, lo realizará en una dirección de memoria determinada. Como ya habíamos indicado, la memoria RAM es volátil por lo que cuando deja de haber suministro eléctrico, ésta se vacía. Los datos que queramos guardar de forma permanente deberán almacenarse en el disco duro, en disquetes o en cualquier otro dispositivo de almacenamiento.

1.4. Periféricos: Dispositivos de Entrada y Salida, Dispositivos de Almacenamiento y Dispositivos Multimedia

Se utilizan para gestionar la entrada, la salida y el almacenamiento de los datos en el ordenador.

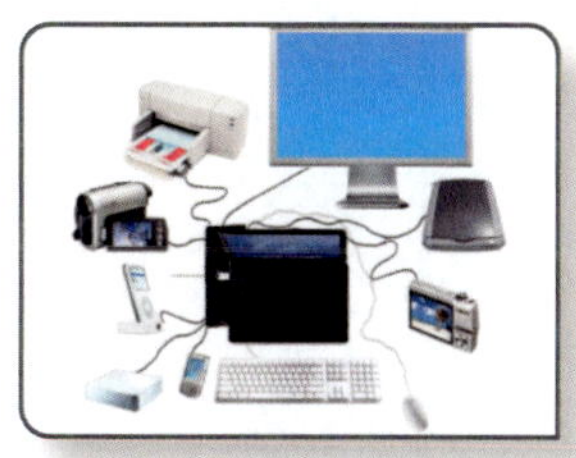

Los de uso más extendido son el teclado y el ratón (periféricos de entrada), el monitor y la impresora (periféricos de salida) y el disco duro y las disqueteras (periféricos de almacenamiento), aunque existen otros periféricos tales como el escáner, el CD ROM, DVD, BLUE RAY, el Joystick (palanca de juegos), los altavoces, el micrófono, la cámara de videoconferencia, los dispositivos USB tales como unidades externas de almacenamiento o reproducción multimedia, etc.

1.4.1. Tipos de Periféricos

Como ya dijimos existen tres tipos de periféricos diferentes: entrada, salida y almacenamiento.

En este apartado vamos a realizar una nueva clasificación atendiendo a las características de cada uno de ellos; así tenemos dispositivos multimedia, dispositivos de comunicaciones y dispositivos especiales.

Aunque la palabra periférico se entiende como dispositivo conectado externamente, no siempre es así, pues hemos visto que, por ejemplo el disco duro se encuentra normalmente en el interior del PC.

1.4.2. El Plug&Play

El Plug&Play es una característica que tienen la gran mayoría de dispositivos fabricados actualmente. Su traducción literal al castellano significa "conectar y funcionar" lo que quiere decir que el ordenador puede reconocer automáticamente este dispositivo en dos niveles:

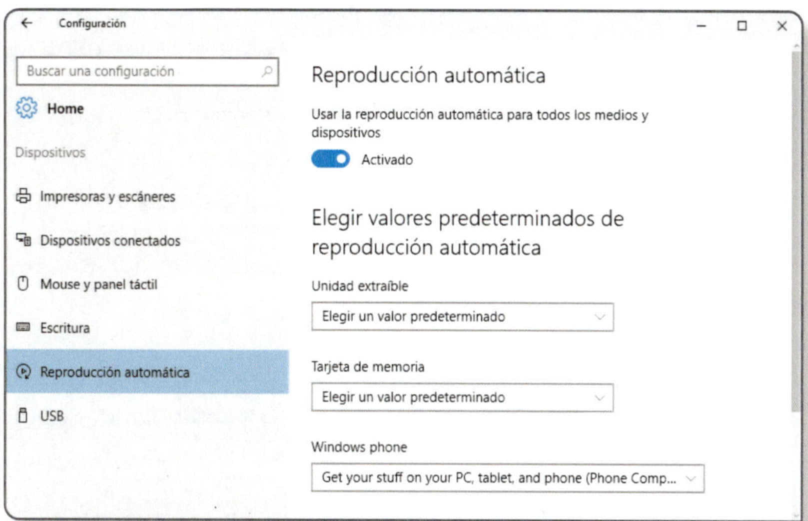

- A nivel hardware, la BIOS es capaz de adoptar este dispositivo, reservándole unas direcciones de memoria y unas interrupciones determinadas.
- A nivel de software, es el sistema operativo el que puede reconocer el dispositivo conectado, instalar los drivers que necesite y a veces, realizar alguna acción predeterminada.

Ahora bien, es necesario que tanto la placa base como el dispositivo instalado soporten la tecnología Plug&Play y sean compatibles, pues de otra forma sería imposible el reconocimiento automático del mismo.

1.4.3. El Teclado

Es el dispositivo por excelencia para la introducción de datos en el ordenador.

Se construye, principalmente en dos tecnologías: teclado de membrana y teclado mecánico, este último de mayor calidad y por tanto más caro.

Actualmente también existen los teclados proyectados, que utilizan una imagen en una superficie plana para así, mediante una cámara y los movimientos de los dedos, detectar qué tecla es la que quieres pulsar.

Este sistema es útil para dotar a los micros portátiles de pantalla táctil de un teclado físico de un tamaño adecuado.

Los teclados constan normalmente de 106 teclas que incluyen, además de los caracteres de una máquina de escribir, teclas de función, símbolos y teclas de función específicas para Windows 98 y NT.

Cada vez son más utilizados los teclados multimedia, que agregan una serie de teclas para controlar tareas comunes, tales como las concernientes al control de los videos o la música, o las de navegación por internet.

El teclado básico se encuentra dividido en las siguientes cuatro zonas:

1. Teclado alfanumérico. Contiene los caracteres alfabéticos, los números, los signos de puntuación y los símbolos especiales (&, %, $...).

2. Teclado numérico (Keypad). Contiene los caracteres numéricos y los símbolos aritméticos para poder escribir rápidamente fórmulas matemáticas.

3. Teclas de función. Son doce teclas que se asignan a funciones específicas en los programas.

4. Teclas de desplazamiento (Cursores). Nos van a permitir desplazarnos por la pantalla.

Además, existen otras teclas especiales usadas para funciones específicas:

 ↑ ← ↓ →	Con cada pulsación avanza el cursor o la selección una posición en la dirección de la tecla.
 Av Pág Re Pág	Mueve el cursor una pantalla hacia arriba/abajo.
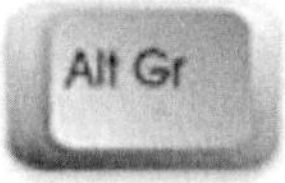 Alt Gr	Activa los caracteres gráficos (símbolo inferior derecho de la tecla).
 Inicio	Sitúa el cursor al comienzo del texto o línea.
 Fin	Sitúa el cursor al final del texto o línea.
 Bloq Mayús	Activa/desactiva la escritura en mayúsculas.
 ↵	Inserta un retorno de carro (el siguiente carácter se escribe al comienzo de la línea siguiente) o valida la acción.
 Supr	Borra el carácter situado a la derecha.
 ⇧	Sirve para escribir en mayúsculas y activar los símbolos superiores.
 Insert	Activa/desactiva la función de sobrescritura.

1.4.4. El Ratón

Junto con el teclado es el dispositivo más importante, debido al avance gráfico que se ha producido en los Sistemas Operativos, se ha convertido en una herramienta imprescindible.

El funcionamiento del ratón es muy simple: cuando lo desplazamos sobre una superficie lisa, el puntero que lo representa en la pantalla se mueve en el mismo sentido. Una vez situamos el puntero en la posición deseada podremos realizar la selección haciendo clic con el botón correspondiente (normalmente constan de dos botones y una rueda de desplazamiento, que habitualmente hace la función de tercer botón).

El funcionamiento de los ratones actuales, está basado en un sensor óptico que va fotografiando la superficie sobre la que se mueve y detecta las variaciones, para determinar los cambios de posición. Este tipo de funcionamiento tiene un inconveniente, que es, básicamente, en las superficies brillantes o con grabados multicolores, sobre las cuales el ratón tiene un comportamiento nervioso y poco exacto.

1.4.5. Los Dispositivos para Juegos

Son dispositivos diseñados para los juegos de ordenador y para permitir movimientos en tres dimensiones en los programas que lo requieran. La diferencia con el ratón es que éste permite movimientos en dos dimensiones mientras que el joystick, por ejemplo, añade uno nuevo (profundidad). Además incorpora unas pequeñas ruedas para calibrarlo (centrarlo en posición de reposo) y dos o más botones para funciones.

Existe también una gran gama de dispositivos para juegos (sobre todo para los de simulación) como volantes y pedales de coche, mandos y pedales de avión, gamepads o mandos de juego, cascos con visión en tres dimensiones y guantes sensitivos.

1.4.6. El Escáner

Es el tercer dispositivo de entrada por orden de uso. Permite digitalizar textos o imágenes impresas en papel o en cualquier soporte similar. Existen diversos tipos de escáner según su modo de operar:

- Escáner de mano: es la opción más barata. El dispositivo es como un ratón pero mucho más ancho que contiene una franja luminosa. El documento se debe situar sobre una superficie plana y es el usuario el que va desplazando el escáner suavemente sobre su superficie.
- Escáner de rodillo: es la segunda opción en precio y calidad. Consta de un rodillo que va girando en donde introduciremos el papel que queramos escanear. Una lente interna se encargará de ir digitalizando el documento.
- Escáner de sobremesa: es el más caro pero ofrece mucha mayor calidad ya que actualmente ofrece una calidad óptica de 19200 x 19200 puntos por pulgada. Consiste en una superficie plana de cristal con una tapadera en la que introducimos el documento con el texto o imagen hacia abajo. Una lente que ocupa todo el ancho y que va montada sobre un carro es la que digitalizará el documento.

Actualmente existen conjuntos de escáner e impresora, denominadas multifunciones, que además de tener la posibilidad de realizar fotocopias, algunas añaden la posibilidad de, solo conectando la cámara de fotos digital o insertando la tarjeta de memoria, imprimir tus fotos sin necesidad de tener encendido el ordenador.

El funcionamiento del escáner se basa en una lente que recoge la luz proveniente del documento y la envía hacia un sensor que convierte la intensidad en corriente eléctrica. Un circuito conversor analógico/digital transforma esa corriente eléctrica en ceros y unos (código binario) conformando los píxeles (puntos) de la imagen escaneada. El usuario puede entonces guardar la imagen en uno de los formatos existentes, los cuales son reconocibles por el ordenador.

1.4.7. El Monitor, Funcionamiento y Resolución

El monitor es el principal periférico de salida ya que nos permite ver las imágenes y el texto.

Sus prestaciones vendrán determinadas por las siguientes características:

- Tamaño. Se mide en pulgadas (") en la diagonal de la pantalla (1" = 2,54 cm).
- Los tamaños normales son 17", 19", 21' y 22'.
- Punto de imagen. Es la distancia existente entre dos puntos adyacentes de la pantalla; cuanto menor sea esta, mayor calidad de imagen se obtiene. Varía entre 0,21 y 0,31.
- Frecuencia de barrido. Es la velocidad a la que se refresca la información de la pantalla. Cuanta mayor frecuencia de barrido menor parpadeo (fluctuación).
- Resolución: Los puntos de un monitor se encuentran dispuestos formando una matriz rectangular. La resolución máxima es el número de filas y columnas de esa matriz y el número de matices de color que puede soportar. Por ejemplo una buena resolución puede ser 2560 x 2048 x 16 bits (Color de alta densidad), y una resolución muy baja 800 x 600 x 256 colores.

Los monitores LCD se basan en una capa de molécules alineadas entre dos electrodos transparentes y dos filtros de polarizacion, entre capas de cristal líquido.

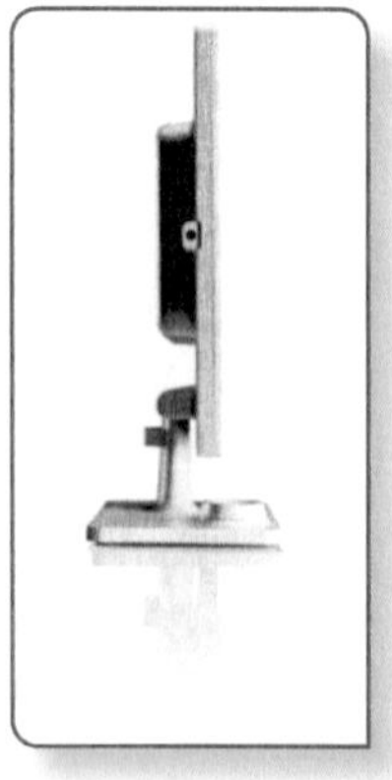

Cuando aplicamos voltaje a traves de los electrodos, la estructura de las moleculas del cristal se desenrollan y desfiguran su color original, hacia el color que necesitamos mostrar. Existen tambien monitores LED, son un poco mas caros que los LCD, y rondan los tamaños entre 20" y 24". Su principal caracteristica es su menor consumo y su mayor contraste. Su fabricacion es mas ecologica y su aspecto, aunque es parecido, es un poco más fino.

Por otro lado se desarrollan pantallas LED basadas también en diodos LEDs, estas pantallas tienen tres LEDs de cada color RGB para formar los pixeles, encendiéndose a distintas intensidades.

1.4.8. Impresoras de Inyección

Son también llamadas impresoras de chorro de tinta y son las más utilizadas, pues la relación calidad/precio las hace muy interesantes para el mercado doméstico.

Su funcionamiento está basado en un cartucho de tinta que contiene unos microinyectores (entre 50 y 100 para cada color) en contacto con el papel.

El cartucho va colocado sobre un carro que se desplaza de izquierda a derecha.

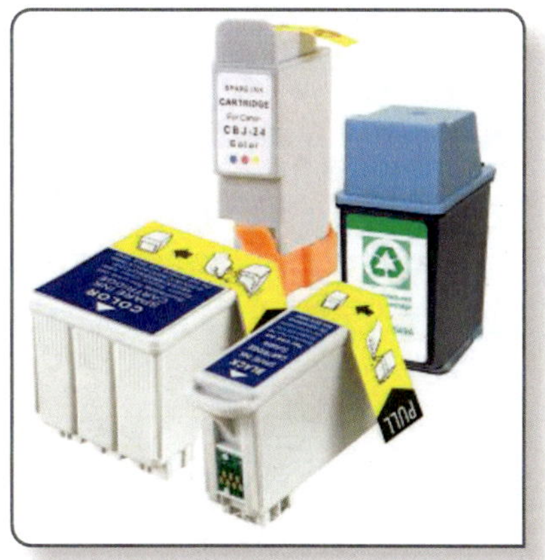

Cuando el controlador de impresión decide imprimir un punto, envía una señal eléctrica al microinyector que se calienta creando una burbuja de vapor que empuja una fina porción de tinta hacia el papel. Existe un mecanismo de rodillos que fuerza el avance del mismo.

Actualmente se usan tres sistemas de cartucho diferentes:

- Un cartucho para la impresión en negro y otro para la impresión en color. Es bastante incómodo pues debemos cambiar el cartucho cada vez que variamos el tipo de impresión.
- Un único cartucho con los tres colores básicos. La impresión del negro se genera como mezcla de los tres colores primarios y esto repercute ampliamente en el gasto de tinta.
- Un cartucho para la impresión en negro y otro para la impresión en color con la opción de usar los dos a la vez. Tiene el inconveniente de tener que cambiar el cartucho de color cuando sólo se ha gastado uno de los colores.
- Cuatro cartuchos: Negro, cian, magenta y amarillo. Es la mejor opción actual, pues posee las ventajas de los otros tres tipos.

1.4.9. Impresoras Láser

Son las que mayor calidad y velocidad ofrecen aunque también son las más caras. Se fabrican tanto en color como en blanco y negro y en los formatos A4 y A3.

Son las impresoras más recomendadas en aquellos entornos en los que se necesite imprimir un gran volumen de información, ya que el precio de cada impresión es bajo comparado con otros sistemas.

Su funcionamiento es bastante simple conceptualmente aunque bastante complejo en la realidad.

1. El papel se carga eléctricamente una vez es captado por un rodillo principal que lo introduce dentro de la impresora.
2. El ordenador envía la información a imprimir, que es interpretada por un controlador que le indica al láser donde debe enfocarse y con qué intensidad. De esta forma el papel cambia su carga eléctrica.
3. Unos rodillos pasan el papel cerca del tóner (un polvo muy fino) que se adhiere a las zonas del papel cargadas eléctricamente.
4. Mediante presión y calor se fija el tóner al papel que ha quedado finalmente impreso.

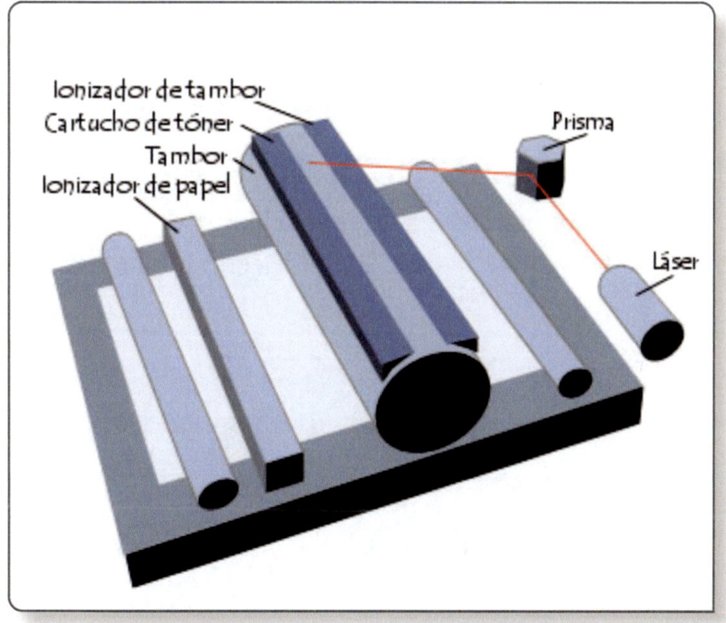

1.4.10. El Plotter

Es un dispositivo de impresión que se utiliza para realizar copias en formatos muy grandes (A1, A2 y A3 principalmente) y con una gran precisión, por lo que está indicado para imprimir planos técnicos o grandes rótulos de cartelería.

Al igual que las impresoras, los plotters pueden ser en blanco y negro o en color y se fabrican en dos formatos: plano (el papel permanece inmóvil mientras dos brazos perpendiculares con una plumilla rotula sobre el mismo) y de rodillos (el papel se desplaza arrastrado por un rodillo mientras un carro dotado de un cabezal va dibujando sobre la superficie).

1.4.11. La Placa Base

Como ya dijimos, la placa base es el principal elemento de un ordenador, pues es donde se conecta la CPU y donde se colocan las tarjetas y las unidades de disco.

Además es la encargada de interconectar los diferentes elementos y permitir la transferencia de datos entre los mismos (a través del llamado Bus de datos).

En cuanto a la placa madre existen dos aspectos que debemos tener en cuenta:

- Es imprescindible que el microprocesador y la placa base sean compatibles pues de otra manera sería imposible su conexión.
- Una amplia capacidad de conectividad de nuevos periféricos, basados en la tecnología Plug&Play (conectar y funcionar).

1.4.12. El Disco Duro y su Funcionamiento

Es el dispositivo por excelencia para guardar la información de forma permanente ya que por su construcción se encuentra sellado y a salvo de partículas que pudieran afectar a su funcionamiento.

Actualmente se fabrican con capacidad de almacenamiento superior a 2 TB (Terabyte) y es normal encontrarlos de 1 TB.

Tiene una velocidad de acceso muy inferior a la memoria RAM por lo que antes de realizar un proceso, los datos se almacenan en esta última.

Se compone de varios discos metálicos superpuestos que giran a gran velocidad y compuestos por un oxido metálico.

Existe un cabezal de lectura y escritura por cada una de las superficies (dos por cada disco) que se va desplazando con un pequeño motor o servo a las zonas especificadas por un dispositivo llamado controlador de disco duro.

La superficie de cada disco se divide en pistas y sectores. Cada pista es un anillo concéntrico del disco mientras que los sectores son porciones del mismo.

La información que se almacena en el disco tiene una referencia de superficie, pista y sector que lo diferencia del resto.

1.4.13. La Tarjeta Gráfica

Es un dispositivo imprescindible que interpreta los datos de salida de forma gráfica hacia el monitor. La tarjeta gráfica, realiza la función de procesar los datos provenientes de la CPU y transformarlos para poder ser visualizados en un monitor o televisor.

La tarjeta gráfica puede estar integrada en la palca base o ser una tarjeta de expansión que añadiremos a esta.

Puede encontrarse en dos arquitecturas:

AGP y PCI EXPRESS, aunque esta última ofrece mucho más rendimiento.

Un mínimo de 256 MB de memoria en la tarjeta gráfica garantiza una buena aceleración para 2D y 3D en ordenadores domésticos.

1.4.14. Las Tarjetas SCSI

Las tarjetas SCSI (se lee "escasi") permiten conexiones especiales para periféricos que gozan de esa misma tecnología y funcionan con mayor velocidad y fiabilidad.

Estos dispositivos se pueden ir conectando formando una cadena, permitiendo así la transferencia de datos de varios elementos al mismo tiempo (de esta tecnología ha derivado la USB). Tienen la ventaja de reconocer automáticamente los dispositivos conectados aunque son muy caras.

1.4.15. Las Disqueteras

Son dispositivos encargados de leer y grabar datos magnéticamente en los disquetes. Tiene una capacidad de 1,44MB. Su funcionamiento es el siguiente: al insertar el disquete dentro de la ranura, un mecanismo abre la pestaña de protección a la vez que un motor hace girar el disco interno.

Un rayo de luz y una célula fotoeléctrica detectan cuando el disco está protegido contra escritura. El cabezal de lectura/escritura se acerca a la superficie del mismo para realizar las operaciones que le dicte el sistema operativo (a través de un circuito llamado controlador).

Un diodo LED externo indica cuando la unidad está leyendo o escribiendo, y una vez queramos expulsar el disco al exterior tendremos que presionar sobre un botón que acciona un sistema de muelles.

Actualmente están en desuso gracias a los avances en almacenamiento USB (pendrives, discos duros externos, etc.).

1.4.16. El CD-ROM

Es un sistema de almacenamiento de datos similar al disco compacto de música o Compact Disc, pero que permite guardar imágenes, vídeos, texto y no sólo música.

Tienen una capacidad de almacenamiento de más de 650 Mb. La velocidad de lectura del primer modelo fabricado era de 150 Kb/s por lo que la velocidad de los modelos actuales se mide en referencia a aquel, de forma que por ejemplo un lector 50x lee realmente a 7500 Kb/s.

Los CD-ROM leen los discos mediante un haz láser que incide en la superficie del mismo. En el proceso de grabación del disco, se realizaron una serie de muescas microscópicas (cimas y valles) que se corresponden con el 0 y el 1 lógicos. Un motor hace girar al disco a gran velocidad mientras que el rayo láser, al pasar por estas cimas y valles, provoca una reflexión del mismo. Este rayo reflejado es recogido por una célula fotoeléctrica que interpreta los valles como 0 y las cimas como 1.

El CD-ROM, como cualquier dispositivo de almacenamiento, posee una conexión para la corriente eléctrica y otra para los datos. Además es posible conectar un tercer cable con la tarjeta de sonido para permitir el flujo directo entre éste y los altavoces del ordenador al introducir un disco compacto de música.

1.4.17. El DVD

Es un dispositivo bastante más moderno que el CD-ROM aunque se basa en la misma tecnología láser. Puede almacenar un máximo de 17 Gb lo que permite grabar hasta 133 minutos de película de vídeo de alta resolución con sonido Dolby Surround Stereo.

Físicamente se diferencia del CD-ROM en que los microsurcos donde se encuentra almacenada la información están separados por mucha menor distancia (por lo que hay mayor densidad de información) y el rayo láser es mucho más sensible y preciso.

1.4.18. Los Blu-Ray Disc

Formato de disco óptico de última generación del mismo tamaño que los DVDROM y los CDROM creado para el almacenamiento de videos de alta definición y un gran volumen de datos.

Usando el láser azul para la función de lectura/escritura se puede almacenar más cantidad de información en el mismo espacio, ya que este laser tiene una longitud de onda menor que los usados en los DVD.

Los Blu-ray alcanzan 25GB de capacidad por capa. Existe un Blu-ray de 400GB a 16 capas.

Este formato ganó en la guerra de formatos por el cambio de estándar de DVD frente al HDDVD, como ocurriría con los VHS y los Betamax. El siguiente paso en la evolución del DVD será el HVD (Disco Holográfico Versátil), capaz de conseguir 3,9TB.

1.4.19. Las Grabadoras CD-ROM

Las unidades grabadoras de CD-ROM se utilizan para escribir información sobre los CD-ROM vírgenes.

Las grabadoras normales sólo pueden grabar una vez cada disco, mientras que las regrabadoras pueden grabar múltiples veces sobre el mismo disco, borrando la información que contuviera anteriormente, aunque para ello es necesario utilizar unos discos especiales llamados regrabables que son más caros que los normales.

Estas unidades grabadoras actualmente han dado paso a las grabadoras de DVD-ROM, que a la vez que graban éstos, son capaces de grabar también CD-ROM.

1.4.20. Las Grabadoras DVD-ROM

Las grabadoras de DVD-ROM son el paso evolutivo de las grabadoras de CD-ROM, pasando estas a formar parte de los ordenadores como las utilizadas para la lectura y grabación de los distintos formatos de DVD y de CD.

Se ha pasado de tener un lector y una grabadora, porque las grabadoras siempre estaban por detrás en velocidad de lectura, a tener una sola unidad para satisfacer nuestras necesidades de lectura y grabación de datos en dispositivos ópticos.

Ocasionalmente, estas unidades, incluyen la función LightScribe, que consiste en grabar el anverso de los CD/DVD mediante el uso del láser de las grabadoras. Tienen el inconveniente de que para poder realizar esto, los CD/DVD tienen que estar preparados para ello, siendo un poco más caros que los normales.

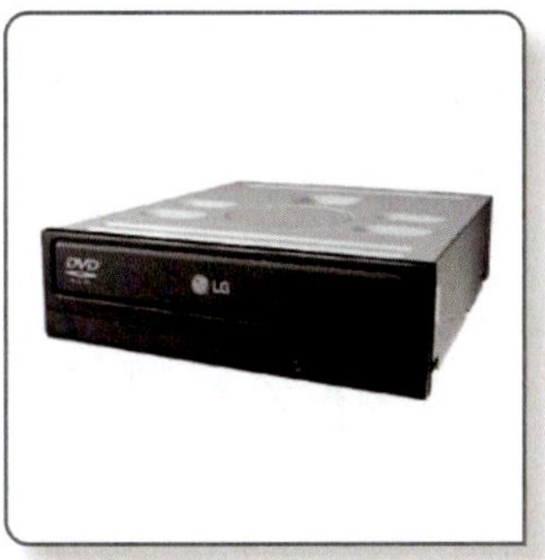

1.4.21. La Tarjeta de Sonido

Es el dispositivo que, conectado a la placa base, nos permite escuchar música y sonidos con el ordenador.

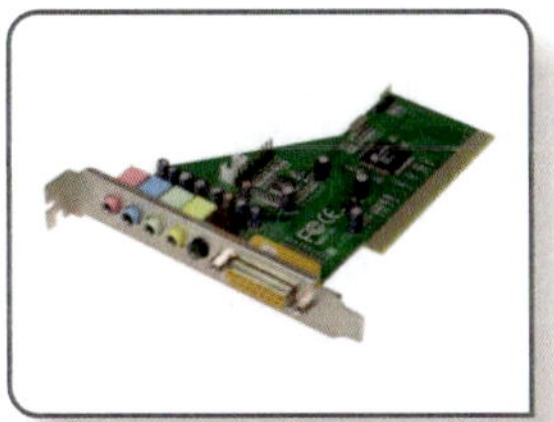

Además de estas funciones, permite conectar dispositivos que soporten el estándar MIDI (que explicaremos más adelante) y grabar sonidos desde el micrófono o desde la entrada de línea.

Para realizar estas tareas la tarjeta de sonido dispone de un conversor analógico/digital y otro digital/analógico.

En una tarjeta de sonido podemos encontrar las siguientes conexiones:

- Salida de altavoces, para conectar los altavoces del ordenador o los auriculares. Dependiendo de la cantidad de altavoces, estos se dividen en:
  - ⇨ 2.1

⇨ 5.1

⇨ 7.1Salida digital, para conectar a esta un sistema Dolby Digital.

- Entrada de línea, para conectar la salida de audio de un dispositivo (por ejemplo un equipo de música) a la tarjeta de sonido.
- Salida de línea, para conectar la salida de audio de la tarjeta de sonido a la entrada de un dispositivo de sonido.
- Entrada de micrófono, para conectar el micrófono (que puede ser de sobremesa o de solapa) y grabar voz y sonidos.
- Una conexión MIDI/Joystick para poder conectar dispositivos MIDI o bien una palanca de juegos.

Actualmente, la mayoría de las placas bases llevan incorporada ya la tarjeta de sonido integrada, por lo que nos ahorramos el tener que añadírsela después.

1.4.22. Los Altavoces y el Micrófono

Los altavoces, conectados a la tarjeta de sonido, son los que nos van a permitir escuchar sonidos provenientes del ordenador y el micrófono con el que podremos grabar nuestra propia voz.

En un principio eran dispositivos sin importancia pero el gran auge de los multimedia, ha provocado que éstos mejoren en calidad y en potencia.

Así, podemos encontrar altavoces que disponen del sistema Dolby Surround que ofrece un sonido tridimensional y envolvente proveniente de al menos de 5 altavoces y un Sub-Woofer colocados en forma circular.

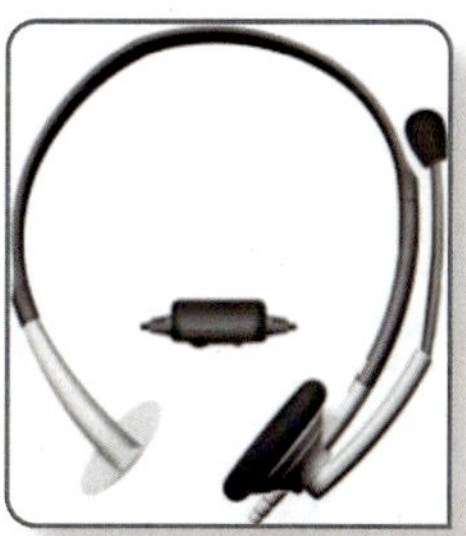

También son de uso muy común los auriculares con micrófono incorporado ya que no ocupan apenas espacio en la mesa de trabajo y son muy cómodos de usar.

1.4.23. El Sistema MIDI

MIDI (Musical Instrument Digital Interface) es un sistema de codificación musical en números binarios que permite conectar y comunicar instrumentos electrónicos al ordenador. El código MIDI es el encargado de dar o recibir órdenes e instrucciones a los instrumentos que se encuentran conectados. Normalmente lo hace a través de un software de sonido o secuenciador que permitirá compilar la información que le llega de todos los instrumentos para obtener un resultado final.

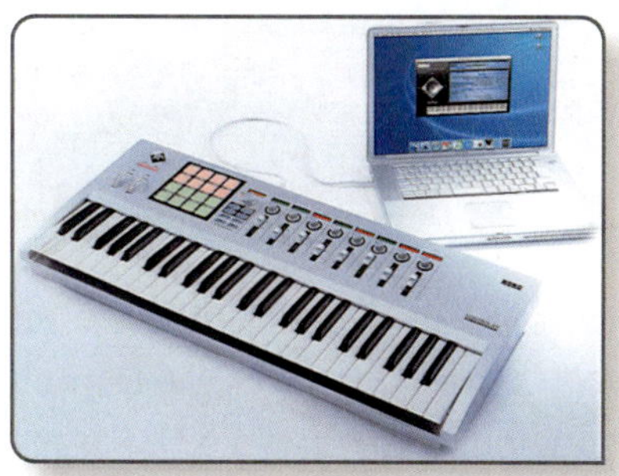

Los canales MIDI pueden ser de tres tipos:

- MIDI IN o canales de entrada.

- MIDI OUT o canales de salida.
- MIDI THRU, que reciben una señal de entrada y la devuelven a la salida sin modificarla (by pass).

El funcionamiento del código MIDI se basa en tres elementos: la nota que ha sido tocada, el instrumento que lo ha hecho y el tiempo de duración e intensidad.

Estos tres datos son interpretados por el conversor, que busca el instrumento en una tabla y analiza la nota que debe reproducir y con cuanta intensidad. Todos los instrumentos MIDI, además de la debida conexión, deben tener en cada caso un tipo de sensor que detecte no solo la nota tocada, sino la intensidad y la duración.

1.4.24. Las Tarjetas Digitalizadoras de Vídeo

Son la versión para vídeo de las tarjetas de sonido, ya que la función que realizan es equivalente: permiten convertir la señal analógica de vídeo en señal digital y viceversa. Para poder sacarles un buen rendimiento es necesario un ordenador muy rápido y un gran espacio de almacenamiento, pues cada segundo de vídeo ocupa una gran cantidad de espacio.

Estas tarjetas permiten ver la TV en la pantalla del ordenador pues disponen de una o varias entradas de antena coaxial y uno o varios sintonizadores de canales, dependiendo de qué tipo de tarjetas dispongamos:

Un sintonizador:

- Sintonizadora analógica.
- Sintonizadora Satélite.
- Sintonizadora digital

Dos o más sintonizadores:

- Sintonizadora Hibrida. Dependiendo del modelo puede tener dos o tres sintonizadores puesto que pueden sintonizar televisión analógica (Hasta 2010), Satelite y TDT.

Disponen de diversos conectores de entrada y salida para permitir la conexión de cámaras de vídeo y magnetoscopios.

1.4.25. Las Cámaras Digitales

Son dispositivos que se utilizan para digitalizar imágenes estáticas (fotografías). Se usan igual que las cámaras fotográficas tradicionales, aunque el resultado obtenido en cada instantánea es un archivo de imagen que luego es interpretado por el ordenador.

Cada imagen queda guardada en la unidad de almacenamiento de la propia cámara donde podremos eliminarla si no deseamos mantenerla o descargada al ordenador a través de un cable (normalmente al puerto USB) o mediante un dispositivo Bluetooth.

Debido al avance en la informática, cada vez existen cámaras domesticas con una mayor calidad de imagen (12Mp) y unas mayores prestaciones (detección de sonrisas, pantalla táctil, etc.).

En el apartado de cámaras de vídeo digitales podríamos incluir las cámaras de videoconferencia, que se utilizan para conectar a dos o más usuarios a través de Internet. La cámara se sitúa encima del monitor de forma que cada usuario es captado por la misma mientras que su voz se procesa por medio de un micrófono y la tarjeta de sonido.

Ocasionalmente, se utilizan las cámaras de video digital domesticas como cámara para hacer videoconferencia, aunque no es lo recomendado por el exceso de consumo y lo poco práctico. La mayoría de los portátiles y algunas pantallas, ya incluyen esta cámara digital, a causa del auge que tiene la comunicación a través de Internet.

1.4.26. Pantallas Táctiles

Son dispositivos de entrada y salida al mismo tiempo. Se utilizan mayormente como método de información en centros públicos, tales como hospitales, congresos, cajeros, puntos de información, etc., aunque cada vez va teniendo una mayor relevancia en las casas, gracias a su bajada de precios.

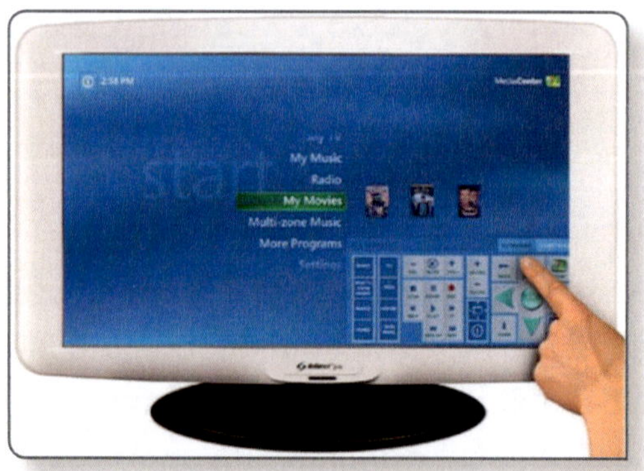

La salida se produce al visualizar la información de la pantalla mientras que la entrada se realiza al presionar con los dedos sobre la misma. Esto se consigue con una malla metálica de hilos muy delgados (no visibles) que se encuentran justo detrás de la superficie exterior de la pantalla. Al presionar con los dedos sobre un punto se genera calor que cortocircuita dos hilos. Este punto queda localizado como intersección de los hilos fila y columna cortocircuitados.

1.4.27. La Tarjeta de Red

Una red es un sistema informático que nos permite interconectar ordenadores para compartir información y recursos. Cualquier ordenador que necesite conectarse a una red debe disponer de tarjeta de red y de un software que se encargue de la transmisión (en la mayoría de los casos es el propio sistema operativo el que realiza esta función).

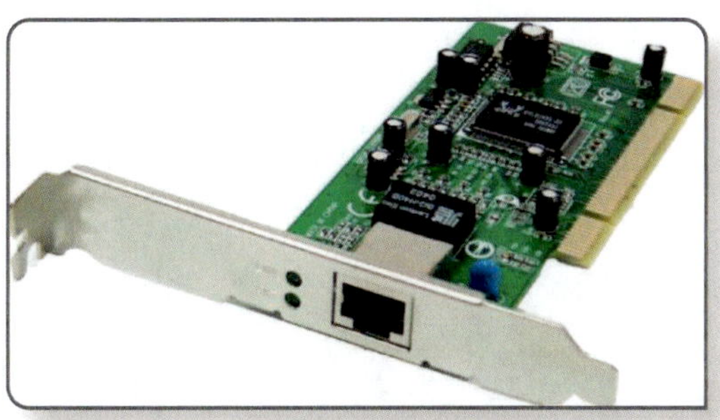

La tarjeta de red es la encargada de codificar/decodificar la información que va a ser transmitida por los cables, de forma que la transferencia sea lo más rápida y fiable posible. Más adelante veremos con más detalle cómo se realiza esta transmisión de datos.

Existen unas tarjetas de red llamadas WIFI, que conectan a los ordenadores de forma inalámbrica, permitiendo esa conexión sin tener que estar físicamente cerca del router. Para poder utilizar esta tecnología hay que disponer de un router wifi para establecer la conexión.

2. Software

El software es la parte lógica o intangible. El software se compone de los programas y los datos que el ordenador va a procesar.

2.1. Definición y Tipos de Software

Hasta ahora hemos visto la parte física de la informática, es decir, el hardware. Sin embargo todo ello es un conjunto de chatarra, si no contamos con un elemento que lo haga funcionar.

Eso es exactamente el software, un conjunto de programas diseñados para que el usuario pueda plantear un problema a la máquina y ésta devuelva una respuesta.

A grandes rasgos podemos dividir el software en dos grandes bloques:

- Sistema operativo: es el programa encargado de gestionar los recursos (el hardware) y que permite que el usuario pueda comunicarse con la máquina.

- Software de aplicación: es un software específico para realizar una tarea determinada (procesamiento de texto, antivirus, etc.).

2.1.1. Evolución del Software

Como ya vimos en temas anteriores los primeros computadores eran completamente mecánicos y por tanto no necesitaban de software ya que tanto las operaciones a realizar como los datos a operar se indicaban mediante una posición determinada de un mecanismo.

```
OFF010   WMF       11.190  10/01/96   0:30 Off010.wmf
ED_00028 GIF        2.490  02/09/98   0:47 Ed_00028.gif
ED_00048 GIF        3.312  02/09/98   0:47 Ed_00048.gif
ED_00161 GIF        6.210  29/08/98   1:01 Ed_00161.gif
ED_00162 GIF       11.868  29/08/98   1:01 Ed_00162.gif
FESTIVAL JPG       33.731  03/05/00   9:26 festival.jpg
HUMORC~1 HTM       19.634  28/04/00   2:28 HuMoR CiEnTiFiCo.htm
ARKANO~1 EXE      651.744  03/05/00  11:51 arkanoid_inst.exe
DIRECC~1               67  27/04/00  17:32 direcciones
INTER    TXT           44  28/04/00   9:53 inter.txt
        30 archivos     189.164.081 bytes
        11 directorios          525,10 MB libres

C:\>cd windows

C:\WINDOWS>cd..

C:\>copy autoexec.bat autoexec.m01
        1 archivos copiados

C:\>set dircmd=/o/p

C:\>
C:\>
C:\>
```

Fue con la llegada de los procesadores mecánicos cuando se usó el primer software en forma de tarjetas perforadas. A partir de aquí se sucedieron los siguientes:

- Lenguajes de bajo nivel (ensamblador, código máquina, etc.).
- Sistemas operativos.
- Lenguajes de programación tradicionales.
- Aplicaciones ofimáticas.
- Sistemas operativos con entorno gráfico (Windows 7).
- Aplicaciones para entornos gráficos.
- Paquetes integrados o Suites.

2.1.2. Las Versiones

Cada programa (ya sea sistema operativo o aplicación) tiene un nombre que lo identifica y que lo distingue del resto (LINUX, CorelDRAW, ViruScan...), pero debido a la rapidez con que avanza la informática van apareciendo nuevas versiones (release) de un mismo programa con mayores prestaciones. Para identificar estas versiones, en lugar de cambiar el nombre, se añade un número de la versión de ese programa. Por ejemplo ver que la última versión del navegador Firefox es la 85.0

El número indica un cambio radical o sustancial; el de la derecha una cambio menor en el programa (mejoras, actualizaciones...).

2.1.3. Tipos de Aplicaciones

Podemos agrupar las aplicaciones en tres grandes grupos:

- Programas de uso específico: Son los programas que usamos para realizar tareas determinadas como las hojas de cálculo, bases de datos, procesadores de texto, diseño 3D, etc.

- Entornos de programación: son metaprogramas, es decir, programas que se utilizan para crear programas de uso específico (Visual Basic, Visual C...).
- Utilidades del sistema: sirven para mejorar las prestaciones que tiene el ordenador, no pertenecen al del sistema operativo ni son programas de uso específico. Son ejemplo de ellos los aceleradores y compresores de disco, antivirus, gestores de memoria, etc.

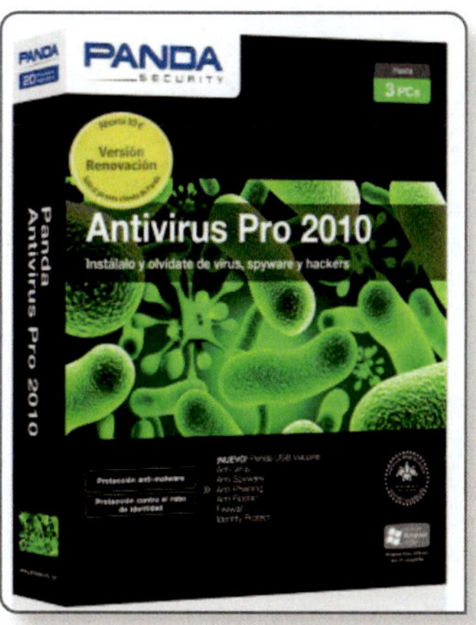

2.1.4. El Sistema Binario

El ser humano ha basado su sistema de numeración en base 10, lo que quiere decir que la posición de cualquier dígito de un número decimal va multiplicada por una potencia de 10 que determina su valor.

$10000=10^4$	$1000=10^3$	$100=10^2$	$10=10^1$	$1=10^0$

Así el número 1563 se puede expresar como:

$$\mathbf{263}_{(10)} = \mathbf{2} * 10^3 + \mathbf{5} * 10^2 + \mathbf{6} * 10^1 + \mathbf{3} * 10^0$$

Los ordenadores y las computadoras en general no utilizan este sistema de numeración, sino que utilizan el sistema binario (base 2), es decir, solo pueden interpretar dos valores, el “0” y el “1”. Así el número 9 (decimal) se expresa en binario como:

$$9_{(10)} = 1001_{(2)}$$

Ya que:

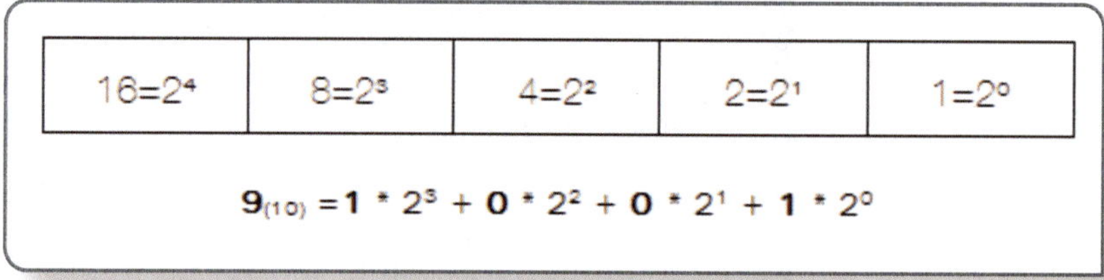

$16=2^4$	$8=2^3$	$4=2^2$	$2=2^1$	$1=2^0$

$$9_{(10)} = 1 * 2^3 + 0 * 2^2 + 0 * 2^1 + 1 * 2^0$$

Es decir la posición de cualquier dígito de un número binario va multiplicado por una potencia de 2 (2, 4, 8, 16, 32, 64, 128, 256...).

Del mismo modo el valor $27_{(10)} = 11011_{(2)}$

$$27_{(10)} = 1 * 2^4 + 1 * 2^3 + 0 * 2^2 + 1 * 2^1 + 1 * 2^0$$

2.1.5. Bit, Byte

Como ya vimos en el tema 1, un bit representa uno de los dos estados electrónicos posibles (con carga eléctrica=1, sin carga eléctrica=0) o mejor dicho uno de los estados lógicos posibles (activado=1, desactivado=0).

Por lo tanto el bit es la mínima unidad de información posible en código binario.

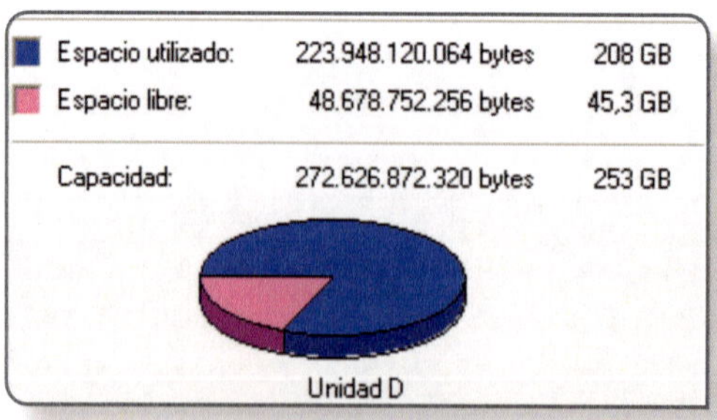

Tal y como sabemos (según el código binario) con dos bits (binary digits o dígitos binarios) podemos tener 4 combinaciones, con 3 tendremos 8 combinaciones y así sucesivamente.

Las necesidades de almacenamiento establecieron como 8 bits un estándar que da lugar a 256 combinaciones posibles.

A este grupo de 8 bits se le llamó Byte, que pasó a ser la unidad estándar de capacidad del ordenador.

En otras palabras, el espacio mínimo para almacenar cualquier carácter. Existen unidades múltiplos del byte para expresar mayores espacios de información.

Éstas son:

- 1 Kb (Kilobyte) = 1.024 caracteres.
- 1 Mb (Megabyte) = 1.024 Kb = 1.048.576 caracteres.
- 1 Gb (Gigabyte) = 1.024 Mb = 1.073.741.824 caracteres.

2.1.6. El Código ASCII

Es un código que permite guardar todos caracteres imprimibles en un byte (256 combinaciones). Así por ejemplo, la letra "A" tiene como código ASCII el 65 que representado en binario es 01000001. A continuación mostramos la tabla de caracteres ASCII.

	0	1	2	3	4	5	6	7	8	9
0		☺	☻	♥	♦	♣	♠	•	◘	○
10	◙	♂	♀	♪	♫	☼	►	◄	↕	‼
20	¶	§	▬	↨	↑	↓	→	←	∟	↔
30	▲	▼		!	"	#	$	%	&	'
40	(	)	*	+	,	-	.	/	0	1
50	2	3	4	5	6	7	8	9	:	;
60	<	=	>	?	@	A	B	C	D	E
70	F	G	H	I	J	K	L	M	N	O
80	P	Q	R	S	T	U	V	W	X	Y
90	Z	[	\	]	^	_	`	a	b	c
100	d	e	f	g	h	i	j	k	l	m
110	n	o	p	q	r	s	t	u	v	w
120	x	y	z	{	|	}	~	⌂	Ç	ü
130	é	â	ä	à	å	ç	ê	ë	è	ï
140	î	ì	Ä	Å	É	æ	Æ	ô	ö	ò
150	û	ù	ÿ	Ö	Ü	¢	£	¥	₧	ƒ
160	á	í	ó	ú	ñ	Ñ	ª	º	¿	⌐
170	¬	½	¼	¡	«	»		░	▒	│
180	┤	╡	╢	╖	╕	╣	║	╗	╝	╜
190	╛	┐	└	┴	┬	├	─	┼	╞	╟
200	╚	╔	╩	╦	╠	═	╬	╧	╨	╤
210	╥	╙	╘	╒	╓	╫	╪	┘	┌	█
220	▄	▌	▐	▀	α	β	Γ	π	Σ	σ
230	µ	γ	Φ	ν	Ω	δ	∞	∅	∈	∩
240	≡	±	≥	≤	⌠	⌡	÷	≈	°	•
250	•	√	ⁿ	²	■					

2.2. Sistemas Operativos: Objetivos, Composición y Operación

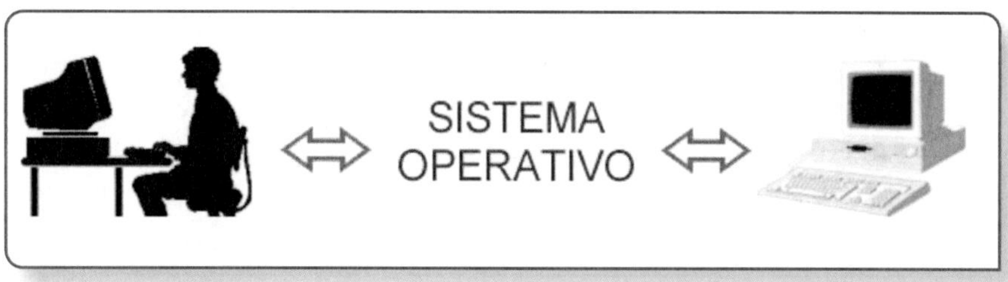

Como ya habíamos apuntado, es el encargado de facilitar la comunicación entre el usuario y la máquina y de gestionar los recursos del sistema.

Nada más conectar el ordenador el sistema operativo se carga en la memoria y está presente en todos los procesos, gestionando los dispositivos, (teclado, monitor, unidades de disco...), estableciendo la comunicación entre el usuario y los programas y entre los programas y el procesador.

2.2.1. Clasificación de los Sistemas Operativos

Principalmente podemos clasificar los sistemas operativos en cuanto a tres criterios:

- Número de ordenadores que van a usarlo de forma concurrente (al mismo tiempo).
  - ⇨ Monousuario o monopuesto: estos sistemas operativos funcionan bajo ordenadores que no se encuentran conectados a una red (ordenadores domésticos, pequeños comercios, etc.).
  - ⇨ Multiusuario o multipuesto: se instalan en redes de ordenadores conectados entre sí (grandes empresas, oficinas públicas, etc.).
- Número de tareas que pueden realizar concurrentemente.
  - ⇨ Monotarea: procesan las tareas de manera secuencial (una detrás de otra).
  - ⇨ Multitarea: pueden procesar más de una tarea al mismo tiempo (como copiar un archivo mientras imprime otro).
- Tipo de entorno de trabajo.

- ⇨ Entorno gráfico: el ordenador se maneja con el ratón y todos los componentes son tratados como objetos.
- ⇨ De comandos: el ordenador se maneja con el teclado, introduciendo órdenes para realizar tareas.

A continuación mostramos una lista de los sistemas operativos que por su importancia y uso merecen ser mencionados:

- MS DOS: sistema monousuario, monotarea y de comandos.
- UNIX: sistema multipuesto, multitarea y de comandos.
- LINUX: sistema multipuesto, multitarea y de comandos. Existen diversas distribuciones al tratarse de un Sistema operativo de código abierto (Libre)
- WINDOWS y MacOS: sistema multiusuario, multitarea y gráfico.
- WINDOWS server: sistema multiusuario, multitarea y gráfico.

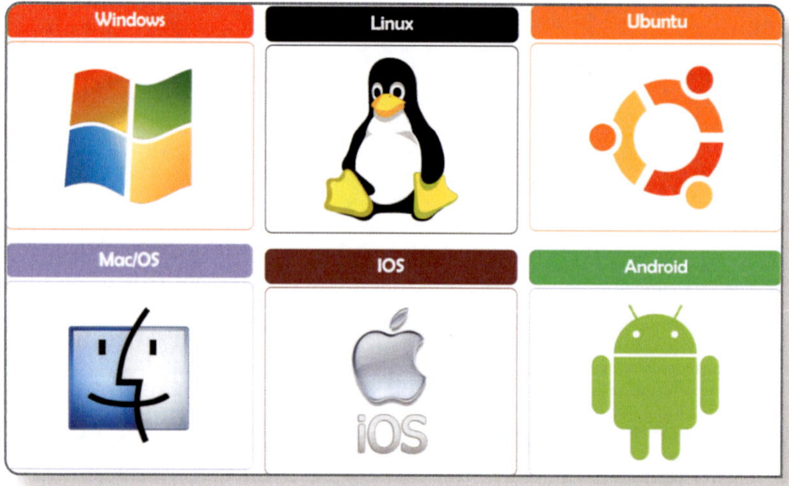

2.2.2. Sistema Operativo MS-DOS

Es un sistema operativo que se usó durante un largo periodo de tiempo y que se ha visto ampliado y actualizado en múltiples ocasiones. Aunque mantiene un gran parecido con el UNIX, del cual proviene, tiene muchas más restricciones en su operatividad.

MS DOS (Microsoft Disk Operating System = Sistema operativo de disco de Microsoft) se usa en ordenadores tipo monopuesto y monotarea y gestiona los dispositivos periféricos, enviando mensajes de error en caso de fallos con los dispositivos o con las instrucciones.

Para usar este sistema operativo el usuario debe conocer un gran número de comandos para poder realizar tareas específicas. Existen comandos de gestión de disco, de memoria, de vídeo, etc.

2.2.3. Windows

Nació como una alternativa a los entornos no gráficos, que obligaban al usuario a conocer un gran número de comandos y de órdenes. Las primeras versiones (Windows 3.x) no eran sistemas operativos puros, sino que aportaban un entorno o plataforma gráfica al MS DOS, que seguía encontrándose por debajo.

El año 1995 supondría un punto de inflexión en los sistemas operativos. Ese año se lanzó el Windows 95, que sustituiría al 3.1 y al MS-DOS y que traía consigo innumerables mejoras, así como una interfaz gráfica mucho más avanzada y pensada para el usuario final. La principal novedad fue la barra de tareas con el botón de inicio que desplegaba el menú con los programas y utilidades.

En 1998 y en el 2000 Windows renovó este sistema operativo con sus versiones 98 y 2000, con mejoras y más utilidades sobre el 95.

En el año 2001, aparece Windows XP, con una renovada interfaz, y que ha sido un sistema operativo muy famoso y utilizado, por ser muy estable y fiable.

En el año 2009 aparece el Windows 7, ya con muchas versiones, para todo tipo de público y necesidades.

Ya en el año 2012 nació Windows 8, con interfaz totalmente renovada, y a la que, por primera vez desde el Windows 95, se le suprimía el botón de inicio.

Hoy día, contamos con la versión Windows 10, que salió a la luz en 2015, y que sin duda está siendo muy aceptada por los usuarios, y que además es multiplataforma, ya que se puede reproducir en dispositivos móviles.

En resumen, Windows no solo es un sistema operativo que nos permite el funcionamiento de nuestra máquina u ordenador. Windows es además un conjunto de aplicaciones y software que nos va a dotar de determinadas herramientas y funciones. Es una especie de intermediario perfecto entre la máquina y el usuario, que permite a éste último, si se quiere, configurar hasta el más mínimo detalle del funcionamiento de nuestro ordenador, siempre desde una interfaz atractiva, sencilla, intuitiva, y con innumerables recursos y ayudas.

2.2.4. Tipos de Archivos. Formatos

Como vimos en el epígrafe anterior, la extensión de un archivo determina su contenido. Así tenemos archivos con formato de imagen, texto, película, etc.

A continuación mostramos una tabla con formatos de archivo conocidos y su extensión asociada.

Extensión	Tipo de Archivo	Extensión	Tipo de Archivo
TXT	Texto normal	COM, EXE	Aplicaciones
DOC, DOCX	Texto de Microsoft Word	BMP, TIF, PCX	Imagen
WPD, WP	Texto de Corel WordPerfect	PSD	Imagen de Photoshop
RTF	Texto Windows con formato	PPT, PPTX	Presentación PowerPoint
WAV, MID	Sonido de Windows	CDR	Imagen CorelDraw
XLS, XLSX	Hoja de cálculo	EPS	Archivo vectorial
FLC, FLI	Animación o movimiento	MDB, ACCDB	Base de datos
HTM, ASP	Página Web de Internet	AVI, MOV	Archivo de vídeo
BAT	Proceso por lotes	GIF, JPG	Imagen de Internet

Es importante saber que la extensión de un archivo es sólo indicativa de su contenido, ya que cualquier usuario puede cambiarla a propósito con cualquier fin.

2.2.5. Entornos Gráficos. Objetos

Cuando trabajamos con sistemas operativos de tipo gráfico, los directorios y archivos son tratados como objetos, que se pueden copiar, mover, borrar, cambiar de nombre y editar.

Así los archivos pasan a llamarse iconos y los directorios, carpetas.

La extensión de un archivo ahora se representa mediante un dibujo en el icono que hace referencia a su contenido.

Por ejemplo, un archivo con extensión AVI se representa como un icono con una videocámara, haciendo referencia a la película que contiene.

Otro objeto que nos podemos encontrar en sistemas operativos con entorno gráfico es el menú, la lista de opciones y los botones, que permitirán seleccionar de una forma rápida y cómoda opciones y comandos.

2.2.6. Tipos de Programas

Los programas o aplicaciones realizan tareas específicas sobre conjuntos de datos.

Cada programa trabaja con uno o varios formatos específicos de archivos que lo diferencian del resto de las aplicaciones.

Si ponemos como ejemplo los archivos que contienen texto podemos encontrarnos con las siguientes extensiones y programas asociados a dichas extensiones:

Extensión	Programa
TXT	Bloc de notas
DOC, DOCX	Microsoft Word
WPD	Corel WordPerfect
PDS	Photoshop

Los programas los podemos clasificar en dos grandes grupos:

- Lenguajes de programación:

  Son programas que permiten diseñar aplicaciones a los programadores. Actualmente están muy de moda los lenguajes de programación orientados a objetos y a entornos gráficos como por ejemplo Visual Basic, Visual C++, Python, php, etc.

- Aplicaciones de uso específico:

  Si quisiéramos nombrar todos los programas la lista sería interminable, por lo que ofrecemos una tabla con las principales áreas de aplicación y la utilidad de la aplicación correspondiente.

Área de Aplicación	Uso
Procesamiento de texto	Manejo de documentos de texto y autoedición
Base de datos	Creación de sistemas de bases de datos
Hoja de cálculo	Tratamiento numérico de la información
Diseño gráfico	Tratamiento de imágenes en dos y tres dimensiones
Multimedia	Tratamiento de imagen y sonido digital
Software de redes	Programas de comunicaciones
Utilidades	Herramientas del sistema
Juegos	Entretenimiento

2.2.7. Sistema Operativo en Red

Los sistemas operativos para entornos de red están especialmente diseñados para conseguir las ventajas vistas en el epígrafe anterior, además de permitir las mismas operaciones que un sistema monousuario. A continuación mostramos una lista de los 3 principales entornos operativos para red:

- Linux, creado por Linus Torvalds derivado del UNIX de la casa Bell Telephone Laboratories.

  Es un sistema operativo que ha sido desarrollado por miles de programadores de todo el mundo y además es un programa gratuito y de libre distribución. Existen múltiples distribuciones de este sistema operativo.

- Open Enterprise Server 2 de la compañía NOVELL. Es un sistema basado en Suse Linux Enterprise server.

- Windows Server 2019. Es la más usada, pues opera con casi total compatibilidad con programas para Windows 10.

Resumen

- La informática es algo que ha tenido una evolución continua.
- Progresivamente, la informática está ocupando más sectores.
- La informática se concibe como una gran ayuda, no un inconveniente.
- Las piezas del ordenador son, fundamentalmente la placa base o placa madre, la CPU, la memoria RAM, el disco duro y los diferentes tipos de memorias.
- Los periféricos se utilizan para gestionar la entrada, la salida y el almacenamiento de los datos en el ordenador. Los de uso más extendido son el teclado y el ratón (periféricos de entrada), el monitor y la impresora (periféricos de salida) y el disco duro y las disqueteras (periféricos de almacenamiento).
- La placa base es el principal elemento de un ordenador.
- El procesador es el elemento más importante en el ordenador, ya que es el encargado de realizar todos los cálculos.
- Actualmente existen tres tipos de arquitecturas: PCI (Peripheral Component Interconnect), AGP (Accelerated Graphics Port: Puerto acelerado para gráficos) y CI-EXPRESS PCI-Express (PCI-E o PCIe)
- El Plug&Play es una característica que tienen la gran mayoría de dispositivos fabricados actualmente. Su traducción literal al castellano significa “conectar y funcionar.
- El teclado es el dispositivo por excelencia para la introducción de datos en el ordenador. Se construye, principalmente en dos tecnologías: teclado de membrana y teclado mecánico. Se encuentra dividido en las siguientes cuatro zonas.
- El funcionamiento del ratón es muy simple: cuando lo desplazamos sobre una superficie lisa, el puntero que lo representa en la pantalla se mueve en el mismo sentido.

- El CD es un sistema de almacenamiento de datos similar al disco compacto de música o Compact Disc, pero que permite guardar imágenes, vídeos, texto, etc.
- El DVD Es un dispositivo bastante más moderno que el CD-ROM aunque se basa en la misma tecnología láser.
- Los Blu-ray Disc son formatos de disco óptico de última generación del mismo tamaño que los DVDROM y los CDROM creados para el almacenamiento de videos de alta definición y un gran volumen de datos.
- La tarjeta de sonido es el dispositivo que, conectado a la placa base, nos permite escuchar música y sonidos con el ordenador.
- MIDI (Musical Instrument Digital Interface) es un sistema de codificación musical en números binarios que permite conectar y comunicar instrumentos electrónicos al ordenador.
- Las cámaras digitales se usan igual que las cámaras fotográficas tradicionales, aunque el resultado obtenido en cada instantánea es un archivo de imagen que luego es interpretado por el ordenador.
- Podemos clasificar el software en sistema operativo y software de aplicación.
- Los programas tienen un nombre que los identifican y los distinguen del resto, pero debido a la rapidez con que avanza la informática van apareciendo nuevas versiones.
- Las aplicaciones se dividen en tres grandes grupos:
  - Programas de uso específico.
  - Entornos de programación.
  - Utilidades del sistema.
- Los ordenadores y las computadoras en general utilizan el sistema binario.

- El código ASCII es un código que permite guardar todos caracteres imprimibles en un byte.
- MS DOS (Microsoft Disk Operating System = Sistema operativo de disco de Microsoft) se usa en ordenadores tipo monopuesto y monotarea y gestiona los dispositivos periféricos, enviando mensajes de error en caso de fallos con los dispositivos o con las instrucciones.
- El primer sistema operativo Windows aparece con Windows 98, permitiendo al usuario gestionar y realizar todas las tareas frecuentes de un sistema operativo puro.
- El sistema de archivos es la forma en que un sistema operativo almacena la información.
- Existen archivos con formato de imagen, texto, película, etc. Es importante saber que la extensión de un archivo es sólo indicativa de su contenido, ya que cualquier usuario puede cambiarla a propósito con cualquier fin.
- Cuando trabajamos con sistemas operativos de tipo gráfico, los directorios y archivos son tratados como objetos, que se pueden copiar, mover, borrar, cambiar de nombre y edita.
- Los programas o aplicaciones realizan tareas específicas sobre conjuntos de datos.
- La memoria es la parte del ordenador donde se almacenan los datos para ser utilizados temporalmente.
- Los sistemas operativos para entornos de red están especialmente diseñados para conseguir las ventajas vistas en el epígrafe anterior, además de permitir las mismas operaciones que un sistema monousuario.

UNIDAD

1.2. Utilización básica de los sistemas operativos habituales

Contenido de la Unidad

- Sistema operativo
- Interface
- Carpetas, directorios, operaciones con ellos
- Ficheros, operaciones con ellos
- Aplicaciones y herramientas del sistema operativo
- Exploración/navegación por el sistema operativo
- Configuración de elementos del sistema operativo
- Utilización de vuentas de usuario
- Creación de backup
- Soportes para la realización de un backup
- Realización de operaciones básicas en un entorno de red
- Resumen

ICB
EDITORES

1. Sistema operativo

Un Sistema operativo (SO), es el software básico que controla un ordenador.

Sistema Operativo es en sí mismo un programa de ordenador. Sin embargo, es un programa muy especial, quizá el más complejo e importante en un ordenador. El SO despierta al ordenador y hace que reconozca a la CPU, la memoria, el teclado, el sistema de vídeo y las unidades de disco. Además, proporciona la facilidad para que los usuarios se comuniquen con el ordenador y sirve de plataforma a partir de la cual se ejecuten programas de aplicación.

El sistema operativo está formado por el software que permite acceder y realizar las operaciones básicas en un ordenador personal o sistema informático en general. Los sistemas operativos más conocidos son: AIX (de IBM), GNU/Linux, HP-UX (de HP), MacOS (Macintosh), Solaris (de SUN Microsystems), las distintas variantes del UNIX de BSD (FreeBSD, OpenBSD...), y Windows en sus distintas variantes (de la empresa Microsoft). Cuando enciendes un ordenador, lo primero que éste hace es llevar a cabo un autodiagnóstico llamado auto prueba de encendido (Power On Self Test, POST). Durante la POST, el ordenador identifica su memoria, sus discos, su teclado, su sistema de vídeo y cualquier otro dispositivo conectado a ella. Lo siguiente que el ordenador hace es buscar un SO para arrancar (boot).

El sistema operativo tiene tres grandes funciones: coordina y manipula el hardware del ordenador, como la memoria, las impresoras, las unidades de disco, el teclado o el mouse; organiza los archivos en diversos dispositivos de almacenamiento, como discos flexibles, discos duros, discos compactos o cintas magnéticas, y gestiona los errores de hardware y la pérdida de datos.

Otro punto importante del que se encarga el sistema operativo, es el de la seguridad del propio sistema, realizando las operaciones necesarias para mantenerlo en constante funcionamiento mientras la máquina esté encendida, u operativa, al igual que lo mantiene bajo mínimos cuando queremos dejar la máquina en reposo o en suspensión. Se encarga de la detección de errores, para corregirlos sobre la marcha.

Un sistema operativo se compone, entre otras cosas, de tres componentes básicos:

- El núcleo
- El traductor de comandos
- El sistema de archivos

El núcleo (Kérnel) es quien se ocupa de las funciones básicas, como pueden ser la gestión de la memoria y los procesos del sistema.

El traductor de comandos hace de comunicador entre el sistema operativo y el usuario de la máquina.

Finalmente, el sistema de archivos se encargará de la organización y la estructura de los archivos dentro del sistema operativo.

1.1. Breve Historia de los Sistemas Operativos

Para empezar a hablar de los sistemas operativos, hay que indicar que los primeros ordenadores no poseían sistema operativo. Para hacer funcionar un programa, éste tenía que contener todo el código necesario para poder funcionar en la máquina. Es decir, para cualquier tarea mínima, por ejemplo un sencillo procesador de texto, se necesitaba un amplio código de funcionamiento, así como el código necesario para interactuar con el hardware de la máquina en la que se iba a ejecutar dicho programa. Esto suponía un gran problema, ya que un simple programa de cálculo se convertía en un gran paquete de código.

Por este motivo, las grandes empresas informáticas del momento, empezaron a desarrollar un software de sistema que permitiera una más sencilla ejecución de los programas que se incluían en los ordenadores.

El primer sistema operativo fue creado y diseñado por la General Motors a mediados de los años cincuenta para que se ejecutara en su ordenador central. Ya en la década de los sesenta, IBM empezó a distribuir un sistema operativo en sus ordenadores.

Con este avance, los ordenadores o computadoras, como se les llamaba entonces, empezaron a contener e incluir más programas de software "básicos" en estos sistemas operativos, que con el tiempo empezaron a ser programas imprescindibles en los sistemas operativos.

A finales de esta década se desarrolló una primera versión del sistema operativo de UNIX, que estaba programado en el lenguaje C, y que consiguió una gran aceptación por parte de los fabricantes de computadoras personales para incluirlo en sus máquinas.

Este primer sistema operativo ha servido de base desde entonces a muchos otros sistemas operativos que utilizamos hoy día, como por ejemplo, las distintas versiones de LINUX, así como Apple OS.

Sin embargo, Microsoft Windows se desarrolló a petición de la empresa IBM, que necesitaba un sistema operativo distinto para incluirlo en su ya amplia gama de ordenadores personales. De esta manera, nace MS-DOS, a principios de los ochenta, que realmente fue una adaptación de un sistema operativo llamado 86-DOS, que la empresa Microsoft adaptó a las exigencias y requisitos que le pedía IBM.

El nombre de Windows se utilizó por primera vez a mitad de esa misma década, cuando el mismo Microsoft, creo una interfaz gráfica de usuario para hacer del MS-DOS un sistema más fácil e intuitivo.

Poco después llegó el Windows 3.1, y el Windows 95, que supuso un antes y un después en los sistemas operativos, y que sería el adelanto de lo que hoy día entendemos por sistema operativo, con una interfaz muy vistosa y fácil para los ya millones de usuarios de ordenadores personales.

Hoy en día, tanto Windows como Apple OS X, así como Linux, por su versión Android, son los que dominan la mayor parte del mercado de sistemas operativos.

- Windows de Microsoft, utilizado en la mayoría de los PCs y ordenadores portátiles.
- Android, que es el sistema operativo de la gran mayoría de dispositivos móviles (Tablets y Smartphones).
- MAC, y su variante móvil IOS, utilizado para los ordenadores y dispositivos de la marca Apple.

Estos tres sistemas operativos copan más del 90 % del total de sistemas operativos instalados en el mundo.

Aparte, existen otros sistemas operativos, también usados por distintos aparatos, como pueden ser:

- Unix
- Solaris
- Linux
- BlackBerry
- Ubuntu
- Symbian, ...

1.1.1. El S.O. de Microsoft: WINDOWS

Windows pertenece a la empresa Microsoft, un gigante del software, al que además pertenecen aplicaciones tan imprescindibles hoy día como el procesador de texto Word, la hoja de cálculo de Excel, o las presentaciones de Power Point, todas ellas englobadas en el famoso paquete de software Microsoft Office.

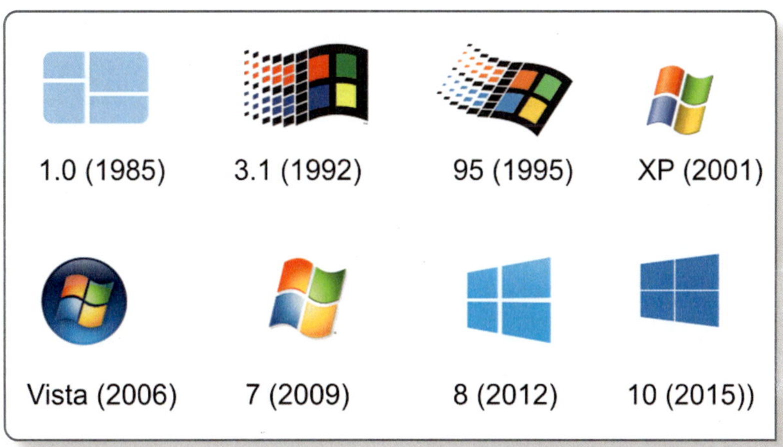

En el año 2020, Windows cumple 35 años desde su lanzamiento, en el año 1985. Han sido varias las versiones lanzadas de este sistema operativo, unas con mas éxitos que otras. Vamos a ver un pequeño repaso de cada una de ellas:

En el año 1985, nace, de manera oficial, el Windows 1.0. Esta versión no era muy funcional ya que en realidad era una interfaz gráfica del famoso sistema operativo MS-Dos.

Un par de años después, en 1987 nace el Windows 2.0, que en su versión 2.0.3 ya incluía la posibilidad de solapar ventanas.

En 1990 se comercializó el Windows 3.0, que ha sido sin duda uno de los más importantes de la compañía Microsoft y que obtuvo un gran éxito comercial. Dos años más tardes, sería renovado por el famoso Windows 3.1, que se instaló en la gran mayoría de los ordenadores personales, y que permitía una configuración muy al gusto del consumidor y que traía por defecto un gran número de aplicaciones y utilidades que eran novedad en ese momento.

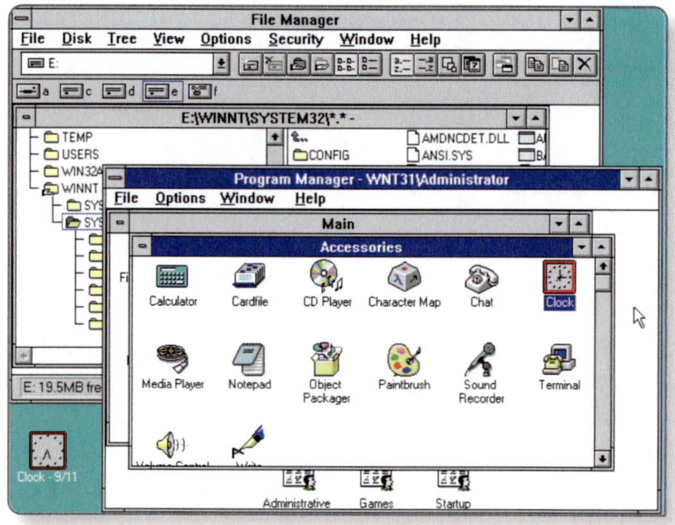

El año 1995 supondría un punto de inflexión en los sistemas operativos. Ese año se lanzó el Windows 95, que sustituiría al 3.1 y al MS-DOS y que traía consigo innumerables mejoras, así como una interfaz gráfica mucho más avanzada y pensada para el usuario final. La principal novedad fue la barra de tareas con el botón de inicio que desplegaba el menú con los programas y utilidades.

En 1998 y en el 2000 Windows renovó este sistema operativo con sus versiones 98 y 2000, con mejoras y más utilidades sobre el 95.

Otro año importante para la empresa Microsoft, fue sin duda el 2001, con el lanzamiento del Windows XP, con una renovada interfaz, y que ha sido un sistema operativo muy famoso y utilizado, por ser muy estable y fiable. Hoy en día, incluso a pesar de no tener soporte desde hace años, se sigue utilizando.

En el año 2007, Microsoft decide sacar a la luz el Windows Vista, con una interfaz muy mejorada y atractiva para el usuario, pero que pronto empezó a dejar ver sus grandes defectos de estabilidad.

Para subsanar este problema, en 2009 se lanza el Windows 7, ya con muchas versiones, para todo tipo de público y necesidades. Tenía novedades en su barra de tareas, nuevas funciones, con poco consumo de recursos y mayor velocidad. Un sistema operativo de los mejores que ha sacado Microsoft, y que sigue estando vigente en millones de computadoras y ordenadores.

Ya en el año 2012 nació Windows 8, con interfaz totalmente renovada, y a la que, por primera vez desde el Windows 95, se le suprimía el botón de inicio. Poco después hubo que sacar la versión 8.1, con la inclusión del botón, ya que a los usuarios no les agradó nada la pérdida de este símbolo.

No fue muy duradero en el tiempo, ya que, tal y como ocurría con Windows Vista, eran muchos los errores y los "cuelgues" por inestabilidad del sistema que traía consigo esta nueva versión.

Hoy día, contamos con la versión Windows 10, que salió a la luz en 2015, y que sin duda está siendo muy aceptada por los usuarios, y que además es multiplataforma, ya que se puede reproducir en dispositivos móviles.

Esta última versión del sistema operativo de Microsoft está disponible en diferentes ediciones, pudiendo los usuarios elegir entre:

- Home: Esta es la versión más básica y la más económica, pero trae por defecto todas las aplicaciones básicas necesarias y todas las características comunes del sistema operativo.
- Pro: esta versión incluye todo lo de la anterior, con otras características pensadas para el entorno empresarial.
- Education: Esta es una versión especial pensada para la educación, o colegios. No se puede adquirir de forma individual.

En resumen, Windows no solo es un sistema operativo que nos permite el funcionamiento de nuestra máquina u ordenador. Windows es además un conjunto de aplicaciones y software que nos va a dotar de determinadas herramientas y funciones. Es una especie de intermediario perfecto entre la máquina y el usuario, que permite a éste último, si se quiere, configurar hasta el más mínimo detalle del funcionamiento de nuestro ordenador, siempre desde una interfaz atractiva, sencilla, intuitiva, y con innumerables recursos y ayudas.

1.1.2. MAC-OS, el sistema operativo de Apple

Mac OS es el sistema operativo de la empresa APPLE y que está instalado en todos los equipos y dispositivos que esta empresa fabrica, o bien, cuenta con su permiso para ser instalado en otros que no fabrica directamente.

Se caracteriza por su interfaz gráfica, que si bien, no fue el primer sistema operativo con dicha interfaz, si fue el primero con un éxito notable. Su nacimiento se remonta a 1984, y se cuenta que este sistema operativo "nació en un garaje".

Si hacemos un breve repaso por su historia y evolución, al igual que ocurre con Windows, cada cierto tiempo sale a la luz una nueva versión que trata de mejorar, tanto a la anterior, como a la rival, ya que hay que recordar que Microsoft y Apple son rivales directos por conseguir el trono en las nuevas tecnologías.

Durante la segunda mitad de los 80, Microsoft e IBM habían estado desarrollando conjuntamente OS/2 como sucesor del DOS, para sacar el máximo provecho a las capacidades del procesador Intel 80286. OS/2 utilizaba el direccionamiento hardware de memoria disponible en el Intel 80286 para poder utilizar hasta 16 MB de memoria.

La mayoría de los programas de DOS estaban por el contrario limitados a 640 KB de memoria. OS/2 1.x también soportaba memoria virtual y multitarea.

En 1985, salió el Sistema 2, que aumentaba de manera notable la velocidad del núcleo y traía bastantes mejoras respecto a su predecesor.

Posteriormente, el Sistema 3 trajo un sistema de archivos mejorado con el nuevo sistema Macintosh MFS, donde además se agregaron los iconos con zoom en la parte inferior derecha de la ventana.

Ya en el año 1987, el sistema 4, empezó a comercializarse como Macintosh SE y II. Estos sistemas ya soportaban discos duros de más de 32 MG, que por aquel entonces era un hito.

Al año siguiente, se dio un salto en el número de sistema, apareciendo el Sistema 6, que ya agregaba colores.

En el año 1990, aparece el sistema 7, que supuso un gran cambio en el software de este sistema operativo, permitiéndose ya las multitareas de forma simultánea. Este sistema ya podía utilizar hasta 8 MG de memoria RAM, y se le podía agregar aplicaciones multimedia, como el Quick Time.

Esta versión tuvo muchas mejoras en distintas subversiones, que le fueron agregando funcionalidades y capacidades visuales hasta entonces nunca vistas en el mundo de la informática. En concreto, la versión del sistema 7.5 ya contaba con botones de ayuda, permitía arrastrar textos, y aparecía ya una pequeña barra inferior.

Tras este último sistema, la empresa Apple toma en conciencia que con las mejoras técnicas en el mundo de la informática, necesita crear un nuevo sistema operativo. Mac OS 7.6 llegó como una estrategia comercial de la empresa para que pudiera ser actualizado y mejorado en periodos de seis meses.

En 1997 sale a la luz el Mac OS 8, compitiendo en el tiempo con el ya líder Windows 95 y posterior mejora en el 97.

Este nuevo sistema mejoró mucho al anterior en el aspecto de la velocidad para ejecutar multitareas. Tenía ya un interfaz muy mejorado, y que además, podía ser personalizado por el usuario. Sus discos duros ya podrían ser de mas de 1 GB, con un sistema que rendía a muy buena velocidad, y administraba muy bien el espacio físico del disco duro.

En sus distintas mejoras de versiones, ya se introdujeron aplicaciones más modernas, como por ejemplo el programa de búsqueda Sherlock, que se utilizaba como explorador interno y además como buscador en redes e internet. También se permitía ya el uso de USB, mediante un soporte.

Con la aparición, en 1999 de Mac OS 9, ya se permitía la opción multiusuario dentro de la misma máquina Mac. Una nueva aplicación, Software Update, ya permitía tener las aplicaciones perfectamente actualizadas.

En el año 2001, Apple presenta Mac OS 10 X, el sistema operativo que sigue vigente hoy día. Ha evolucionado, lógicamente, con cada nueva versión, adaptándose a la tecnología y tendencia operante en cada momento.

Desde el año 2001 hasta nuestros días, cada nueva versión o mejora, ha tenido el sobrenombre de un felino, así como distintos lugares de California, que fue donde nació la empresa Apple, siendo los siguientes:

- Mac OS X 10.0 (Cheetah)
- Mac OS X 10.1 (Puma)
- Mac OS X 10.2 (Jaguar)
- Mac OS X 10.3 (Panther)

- Mac OS X 10.4 (Tiger)
- Mac OS X 10.5 (Leopard)
- Mac OS X 10.6 (Snow Leopard)
- Mac OS X 10.7 (Lion)
- Mac OS X 10.8 (Mountain Lion)
- Mac OS X 10.9 (Mavericks)
- Mac OS X 10.10 (Yosemite)
- Mac OS X 10.11 (El Capitán)
- Mac OS X 10.12 (Sierra)
- Mac OS X 10.13 (High Sierra)
- Mac OS X 10.14 (Mojave)
- Mac OS X 10.15 (Catalina)

Cabe destacar que, en el año 2001 y el 2012 se introdujeron grandes cambios en lo que a visualización gráfica se refiere. Los iconos tendrían más relación con nuestra vida cotidiana, para hacerlos más fáciles e intuitivos. Igualmente, se añaden aplicaciones que ya existían en los iphone (Smartphone de la marca Apple), como por ejemplo notas y recordatorios. Por ello, la versión Lion supone un salto, respecto a las versiones anteriores.

Con la versión Yosemite, se establece el diseño que aún se conserva en la actualidad, rediseñando por completo todo su aspecto, introduciendo transparencias con un aspecto más 3D, y sobre todo, permitía integrarse de forma perfecta con los iphone y las ipad, mediante el ecosistema de Apple, que permite iniciar una acción en un dispositivo, y poder continuar dicha acción en otro dispositivo distinto.

Con la versión Sierra se introdujeron variantes como iOS, tvOS y watchOS, así como la aparición de la famosa ayuda virtual Siri.

Mojave trajo el modo oscuro, con el que se pretendía que el usuario se centrara aún más en el contenido. En esta versión, el fondo de pantalla si iba adaptando según las distintas horas del día, acomodando la iluminación y el aspecto del escritorio.

Sin duda, el Mac y su sistema operativo, revolucionaron el mundo de los ordenadores personales, el de la informática, y el de las nuevas tecnologías en general. Se puede decir tranquilamente que, a día de hoy, un sistema operativo MacOS Catalina, que es su última versión, es el más seguro, el más estable y por lo tanto, el más operativo que existe.

La conjunción de este sistema operativo con un aparato de Apple, hace que nuestra productividad y tranquilidad, aumente considerablemente, ya que apenas contiene errores y fallos, haciendo además mucho hincapié en la seguridad de nuestra información.

1.1.3. LINUX, el sistema operativo de Código Abierto

Si existe un sistema operativo de código abierto por excelencia, ese es Linux. Es un sistema, cuyo código ha sido creado por colaboración, y puede ser modificado sin restricciones por cada usuario.

Este sistema operativo no tiene mucha implantación a nivel de ordenadores personales, ya que apenas el 1% de todos los ordenadores del mundo lo utilizan. Sin embargo Linux es líder en cuanto a sistemas operativos de servidores y grandes computadoras. También hay que señalar que, el sistema operativo más famoso en dispositivos móviles, Android, está basado en Linux.

Al analizar la historia de este sistema operativo, debemos indicar que tiene como antecedente a Unix, un lenguaje de programación C que alcanzó mucha popularidad en los años ochenta.

En el año 1991, Linus Torvalds, con amplios conocimientos de sistemas como MINIX y GNU, ambos basados en UNIX, decidió, por los muchos problemas que encontraba en estos sistemas, crear uno propio que los solventara. Decidió pedir colaboración y por ello mostró su código abierto.

Poco a poco, fue logrando más colaboración, y Linux empezaba a tomar forma de un gran sistema operativo, estable y fiable.

Aún en los primeros años de los noventa, aparecieron las primeras versiones de escritorio de Linux, como son Slacware, Debian y Red Hat, que ya poseían una interfaz gráfica de usuario.

Slacware se sigue utilizando, por usuarios expertos, que destacan su simplicidad y estabilidad.

Debian es una de las versiones más populares de Linux, y se suele utilizar tanto en servidores como en ordenadores personales, y además, su código fuente se ha utilizado en distintas creaciones posteriores.

Su primera versión data del 1996, y es una distribución con acceso a repositorios que se encuentran online donde se encuentran más de 35.000 programas libres para descargar e instalar. Por ese motivo, es utilizado por usuarios menos expertos.

Por su parte, Red Hat, vio la luz en 1995, y consiguió ser la primera distribución en introducir una herramienta de administración de paquetes de software. Sin embargo, este sistema, como tal, dejo de existir a primeros de este milenio.

Posteriormente, han surgido distintos sistemas, todos ellos basados en estos tres grandes, y de los que podemos destacar Jurix, Yellow Dog o Libranet.

Tras esto, se trataba de conseguir un sistema operativo con un entorno algo mas amigable. Es entonces cuando KDE, GNOME y Xface entran en colaboración para hacer de Linux el mejor sistema operativo que exista. Tenían como objetivo crear un escritorio intuitivo y fácil de usar por los usuarios.

Estos tres colaboradores, tenían el mismo objetivo, pero partían de ideas bastantes distintas, de lo que debía ser ese escritorio fácil, bonito y funcional.

A primeros del nuevo siglo, aparece KNOPPIX, un sistema operativo de Linux, completamente funcional, y que además, se podía iniciar directamente desde un CD ROM, lo que consumía mínimos recursos en el PC.

Este hecho, insólito en ese momento, hacía que Linux fuera algo mas cercano a un público que le parecía un sistema operativo excesivamente técnico y al que no se estaba nada habituado, en comparación con los entornos que en esos momentos ofrecían ya Windows y Mac OS.

La versión mas actual de KNOPPIX, aún cabe en un CD, incluyendo mas de 1000 aplicaciones o paquetes de software, entre los que se pueden destacar el LibreOffice, como paquete de software libre de oficina, y el navegador Iceweasel, entre otros.

Poco después, llegaría UBUNTU, que es sin duda la distribución mas famosa y exitosa de LINUX. Nace con la idea de ser un sistema operativo muy funcional y fácil de usar y de entender por el usuario normal. Se enfocó como la puerta de entrada a Linux.

Incluye programas como el navegador FireFox, o el cliente de correo electrónico Thunderbird, así como un buen número de herramientas y útiles para el usuario.

Hoy día, UBUNTU ya no solo se encuentra en ordenadores personales, sino que además lo podemos encontrar en Smartphones, tablets y televisores.

En los últimos años, Linux ha supuesto una gran revolución en la industria de los Smartphone. Android, el sistema operativo para dispositivos móviles más utilizado en el mundo, se basa en Linux.

2. Interface

2.1. Windows Aero

Windows 10 cuenta con la experiencia de usuario que se puede ajustar correctamente a la capacidad de hardware del PC en que está instalado.

Todos los equipos que cumplen los requisitos de hardware mínimos podrán ver la experiencia de usuario Windows 10 que proporciona los beneficios de las características de interfaz mencionadas anteriormente. Windows Aero es un entorno con un nivel adicional de sofisticación visual, con mayor capacidad de respuesta y muy manejable que proporciona más claridad y confianza a los usuarios de Windows.

2.2. Vistas en Miniatura de la Barra de Tareas

Si colocas el puntero del mouse sobre un elemento de la barra de tareas se muestra una vista en miniatura (live thumbnail) de la ventana con el contenido de la misma.

La vista en miniatura se muestra tanto si la ventana está minimizada como si no y si el contenido es un documento, una fotografía o incluso un video o proceso en ejecución.

Los iconos de esta manera se vuelven dinámicos los cuales muestran una imagen en miniatura de los contenidos de cada archivo lo cual nos ayuda a seleccionar el que deseamos. Al poner el curso del ratón sobre la miniatura, podremos ver una vista previa del archivo.

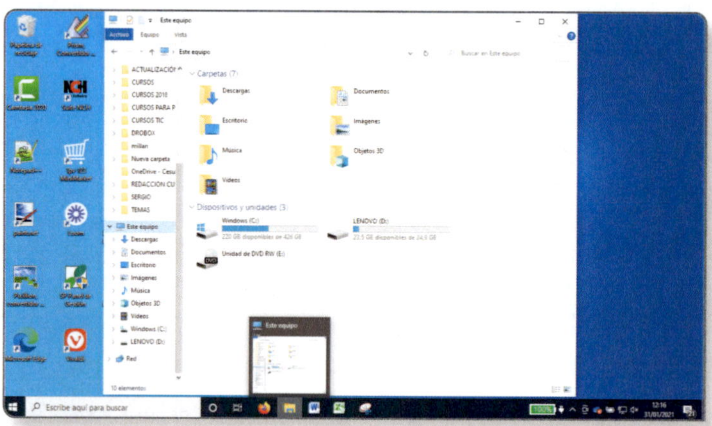

2.2.1. Vista de Tareas en Windows

Windows 10 proporciona una herramienta para poder observar todas las ventanas abiertas, así como la posibilidad de trabajar con distintos escritorios.

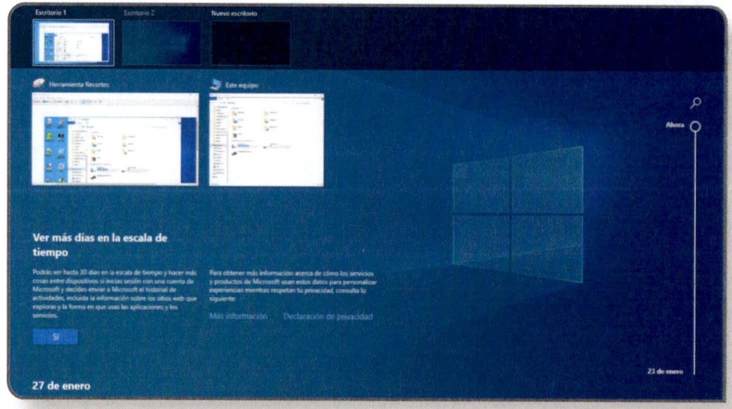

2.3. Partes de Entorno de Trabajo

2.3.1. Menú Inicio

El menú Inicio es más cómodo de utilizar que sus homónimos Windows XP y Windows Vista, Windows 7 y Windows 8.

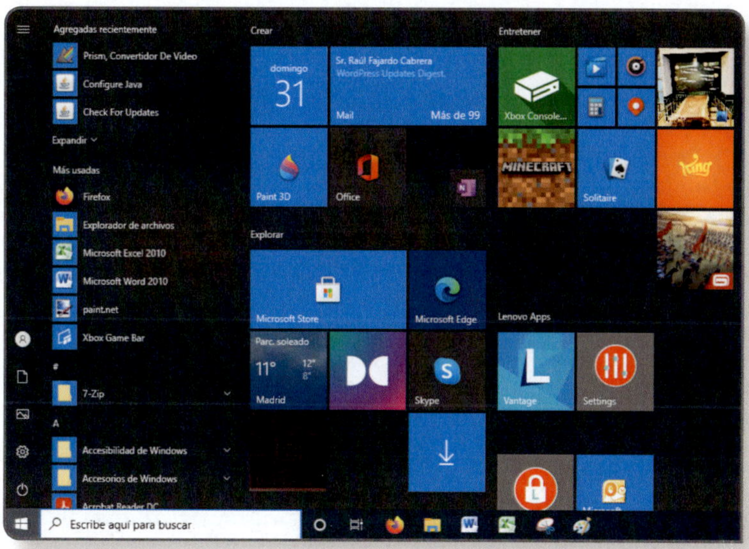

Desde el botón de Inicio accederemos a todas las aplicaciones y utilidades disponibles en el sistema.

Es el primer paso que debemos dar para comenzar a trabajar.

Incorpora una búsqueda rápida, desde la cual, podremos buscar utilidades instaladas o archivos que estén en nuestro equipo, introduciendo parte del nombre o el nombre entero.

2.3.2. El Escritorio de Windows 10

El escritorio es lo primero que vemos al iniciar el sistema (salvo la primera vez, en la que nos saldrá un programa de ayuda para configurar el sistema operativo a nuestro gusto). Windows 10 nos muestra un escritorio renovado con respecto a las versiones anteriores. Cuando instalamos Windows 10, nos encontramos con un escritorio vacío, es decir, sin los usuales iconos de Windows, con la única excepción del icono de la Papelera de reciclaje y equipo. Posteriormente se irán agregando distintos iconos y accesos directos, según los programas, software y aplicaciones que vayamos instalando.

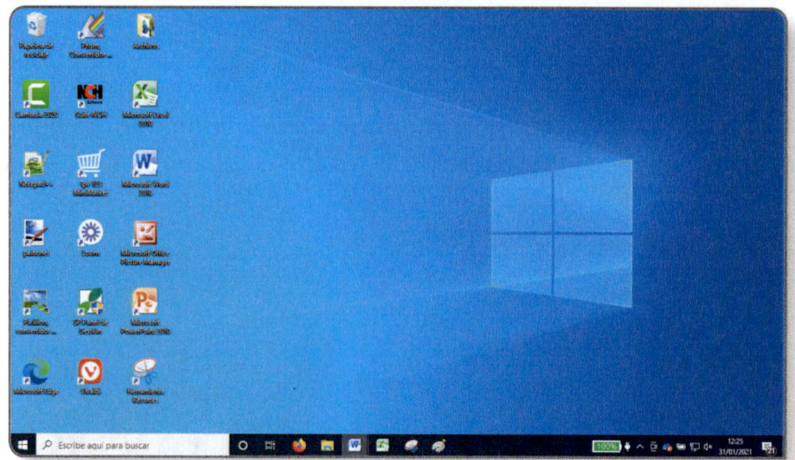

En el escritorio podemos tener los accesos directos, carpetas y archivos que deseemos, de manera que nos facilite nuestro trabajo. Desde el escritorio tenemos disponible el botón de Inicio desde donde podemos comenzar a trabajar y acceder a todos los programas instalados.

2.3.3. Iconos

Los Iconos y los accesos directos son atajos para acceder a carpetas, archivos y aplicaciones de una manera más rápida y cómoda.

Haciendo doble clic sobre un icono o acceso directo, éste abrirá la carpeta o aplicación correspondiente.

Se abrirá entonces otra ventana con dicha aplicación o con el contenido de la carpeta en la que hemos realizado el doble click.

2.3.4. Ventanas

Las ventanas son un elemento esencial en Windows, ya que en ellas se nos muestra la información requerida. Cuando hacemos doble clic sobre un icono, se abrirá una ventana conteniendo la aplicación o archivos correspondientes. Podemos tener abiertas tantas ventanas como nuestro sistema sea capaz de soportar. Más adelante, examinaremos con detenimiento cada parte de las ventanas.

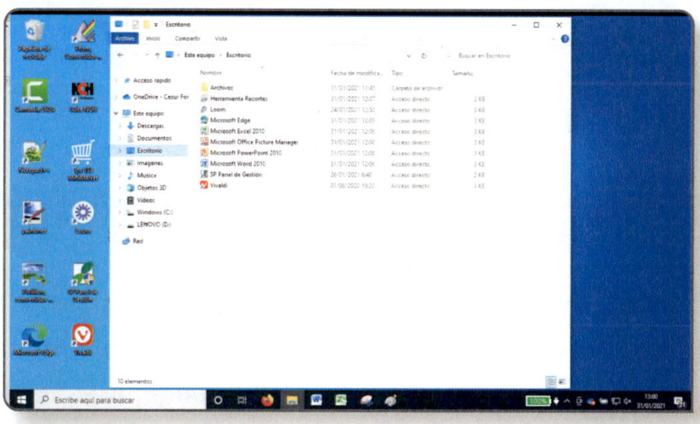

2.3.5. La Barra de Tareas

La barra de tareas se encuentra situada, por defecto, en la parte inferior de la pantalla. En ella, además del botón del menú Inicio, tendremos disponibles los botones correspondientes a las ventanas que tengamos abiertas.

El botón que tengamos pulsado corresponderá con la ventana activa en el escritorio, es decir, la ventana en la que estamos trabajando. En la parte derecha de la barra, nos encontramos con la llamada área de notificaciones, con el reloj del sistema, la Barra de idioma, los iconos del centro de actividades, red, volumen y cuando se encuentren aplicaciones cargadas por el sistema, las podremos ver desplegando iconos ocultos.

Podremos encontrar los iconos de los programas residentes (programas que se cargan automáticamente al iniciar Windows 10), los programas que se encuentren en ejecución y permiten minimizarse y quitar su botón de la barra de tareas para ganar espacio.

Los iconos menos usados se ocultan automáticamente, para verlos, pulsaremos en el triángulo del centro de notificaciones. En la parte más a la derecha de la barra encontramos un elemento que es una de las novedades ya aparecidas en Windows 7, el botón Mostrar Escritorio con la capacidad Aero Peek.

Es en forma de barra vertical y se encentra a la derecha de la Fecha y hora. Al pasar el cursor sobre ella, las ventanas se volverán transparentes y se verá el escritorio. Al quitar el cursor de ella, las ventanas se harán visibles.

2.3.6. Anclar Programas

Desde la aparición de Windows 7, podemos de anclar en la barra de tareas los programas, para ello:

1. Hacer clic. Botón derecho del ratón en el icono de la aplicación.
2. Seleccionar. Anclar este programa a la barra de tareas.

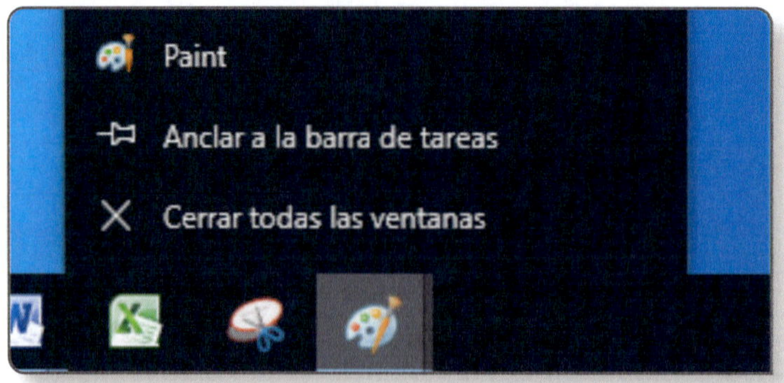

2.4. Menú de Apagado de Windows 10

En la parte inferior del menú inicio encontramos el botón Apagar, al pulsarlo apagaremos el PC, cerrando todos los programas.

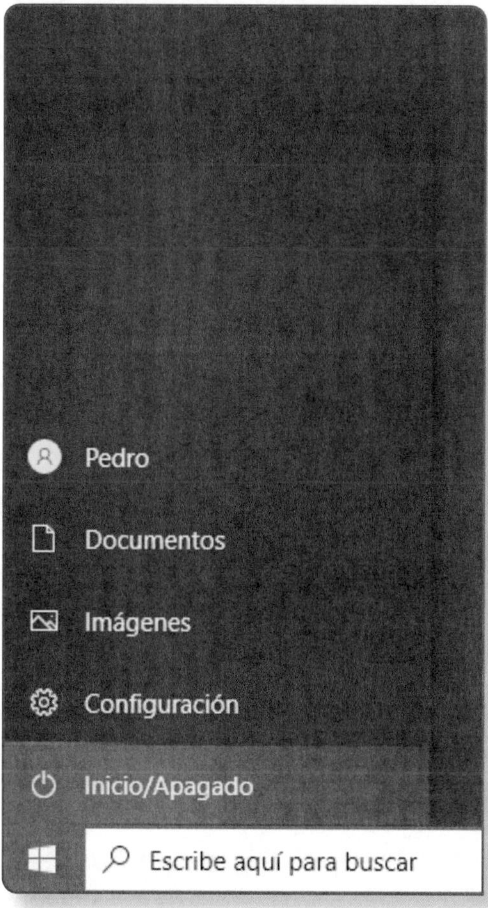

Al lado encontramos una flecha que al posicionarnos sobre ella nos mostrara un menú con las 5 tareas que podemos realizar, están repartidas en tres grupos:

- Cambiar de usuario. El equipo guarda el estado en que se encuentra, apareciendo la pantalla de elección de usuario para poder entrar con otro usuario.
- Cerrar sesión. Cierra todos los programas y configuración de usuario y muestra la pantalla de elección de usuario, para entrar con el usuario elegido.

- Bloquear. Deja el equipo en el estado que estuviera en el momento de pulsar el botón, apareciendo la pantalla de elección de usuario con la opción de desbloquear el usuario actual o elegir otro usuario distinto.
- Reiniciar. Cierra el sistema Operativo y reinicia el PC, volviendo a arrancar todo desde el principio.
- Suspender. El equipo queda en estado de bajo consumo, permitiendo al usuario reactivarlo con un simple movimiento de ratón o pulsando una tecla, y volveremos al punto donde dejamos nuestro trabajo.

Para cualquiera de las opciones anteriores:

1. Pulsar el botón de Inicio.
2. Desplegar el menú situado en el botón.
3. Seleccionar La opción deseada.

Un sistema operativo, como cualquier otro programa o software, puede ser iniciado, y apagado cuando así lo necesitemos. Además, tenemos las opciones de reiniciar, suspender o hibernar.

Cuando iniciamos un sistema operativo, después de apagarlo, suele tardar un tiempo en hacerlos, más o menos según los casos, dependiendo del sistema operativo instalado, de la versión instalada y de la configuración de hardware de nuestra máquina.

Si solemos trabajar a menudo con nuestro ordenador, tendremos la opción de hacerlo hibernar o suspender para que el inicio sea mucho más inmediato. Además estas opciones nos guardan o mantienen todo tal y como lo teníamos antes de hibernar.

Podríamos pensar que un ordenador en estado de suspensión o hibernación consumirá bastante más energía eléctrica que si lo apagamos. Sin embargo, hoy día esto no es así.

Cuando suspendemos nuestro sistema operativo, en el ordenador se activa automáticamente un modo de consumo de energía mínimo. Tan solo necesita la energía necesaria para mantener la memoria RAM encendida.

2.5. Desplazamiento por el Entorno de Trabajo

2.5.1. La Barra de Título

La barra de título se encuentra en la parte superior de la ventana. Nos informa del nombre del archivo y la aplicación que tenemos abierta en ese momento.

En el extremo derecho de la barra nos encontramos con los botones de control:

- Minimizar: envía la ventana a la barra de tareas, no cierra la aplicación ya que si pulsamos el botón del programa en la barra de tareas, éste vuelve al estado anterior.

- Maximizar: maximiza el tamaño de la ventana a pantalla completa o lo máximo que permita la aplicación.

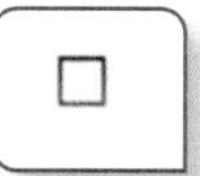

- Restaurar: Cuando está maximizada, restaura la ventana, es decir, vuelve al tamaño anterior.

- Cerrar: cierra la aplicación.

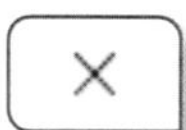

2.5.2. La Barra de Herramientas

La barra de herramientas se encuentra justo debajo de la barra de Título y nos proporciona accesos más rápidos a los comandos más utilizados. Estos comandos podrán variar de una ventana a otra dependiendo de la aplicación en la que nos encontremos.

Los comandos que por defecto nos muestra Windows son los siguientes:

- Atrás: volvemos sobre nuestros pasos en la exploración de carpetas y unidades.
- Adelante: avanzamos sobre nuestros pasos en la exploración de carpetas y unidades.
- Subir: nos lleva a la carpeta superior.
- Buscar: introduce tu búsqueda en el cuadro de texto.
- Cambie la vista: selecciona el tipo de vista de los archivos y carpetas.
- Barra de emplazamiento: nos muestra en donde nos encontramos y las carpetas superiores a las que podemos acceder.
- Ayuda: Nos facilita información referente a la aplicación que tengamos abierta.

2.5.3. La Barra de Menú

La barra de menú se encuentra oculta entre las dos zonas de la barra de herramientas. Desde ella, podemos acceder a los menús que contienen todos los comandos disponibles para nuestro trabajo.

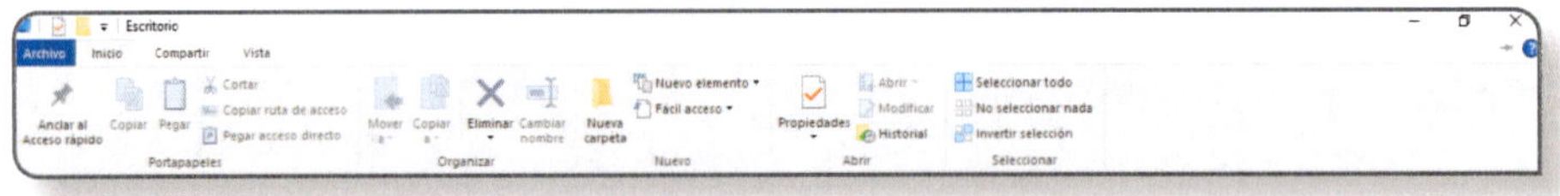

En la pestaña Inicio, encontraremos las opciones siguientes:

- Anclar la pantalla en acceso rápido.
- Opciones de edición del portapapeles: cortar, copiar, pegar, …

- Opciones de organizar: mover, copiar en, eliminar, o cambiar el nombre del archivo.
- Crear nueva carpeta o nuevo elemento.
- Ver y modificar las propiedades.
- Opciones de selección.

En la pestaña compartir, podremos elegir compartir por algún medio, elegir el usuario, grabar en un cd, comprimir, … o ver opciones de seguridad avanzada.

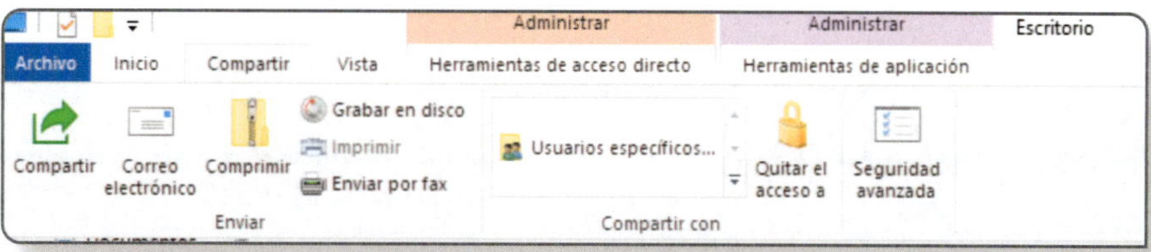

En la ventana vista, tenemos la opción de mostrar el panel de navegación, así como las distintas vistas de iconos que tenemos, como son: iconos muy grandes, iconos grandes, pequeños, vista mosaico, vista detalles, lista, …

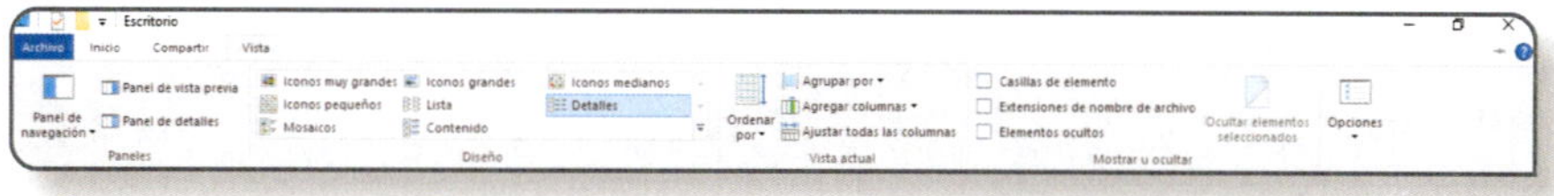

De igual manera, en esta pestaña tendremos las distintas opciones de ordenación y agrupación, así como mostrar las columnas.

Finalmente, si pulsamos en archivos, tendremos la opción de ir a otra carpeta o directorio, directamente, así como abrir una nueva ventana, acceder a la ayuda, o cambiar las opciones de carpeta y búsqueda.

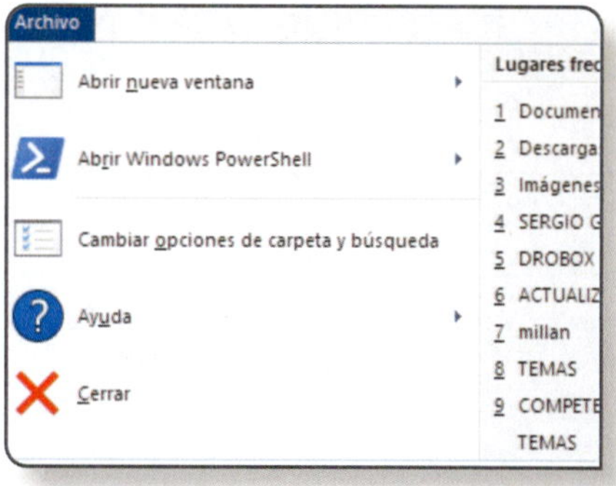

Por último tendremos la opción de cerrar la ventana.

2.5.4. Paneles

Windows 10, al igual que sus predecesores, desde el xp, mantiene los paneles, en donde podemos distinguir 4 paneles o áreas:

1. Panel de búsqueda. Solo aparece cuando estamos situados en equipo, podemos aplicar filtros para mostrar los resultados
2. Panel de detalles. Muestra todos los datos necesarios del objeto seleccionado
3. Panel de Vista previa. Muestra una vista previa del objeto seleccionado
4. Panel de navegación. Aquí encontramos el árbol de carpetas y accesos directos

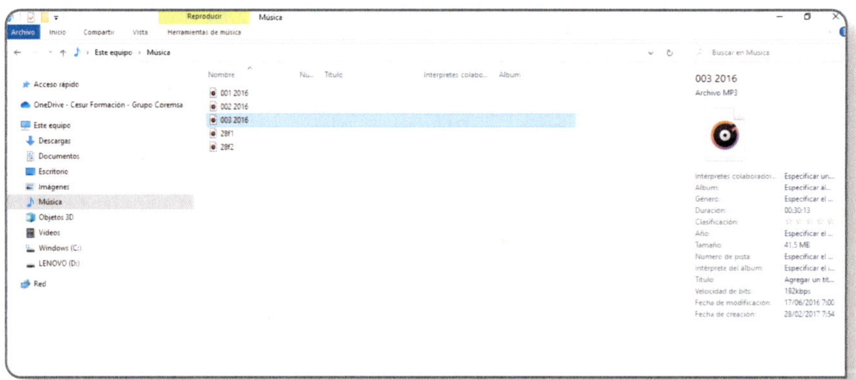

2.5.5. Las Barras de Desplazamiento

Cuando, debido a su tamaño, el contenido de una ventana no se muestra en su totalidad, aparecen en la parte derecha e inferior de la ventana las barras de desplazamiento. Éstas nos ayudan a movernos por la ventana y así podemos visualizar todo su contenido.

Estas barras pueden ser horizontales y verticales, y aparecerán u ocultarán según los elementos que haya en pantalla.

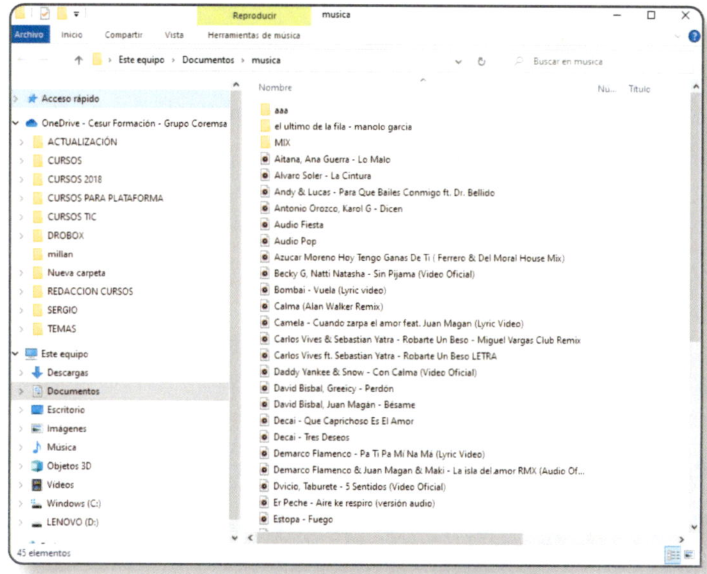

2.5.6. Modificar las Dimensiones de una Ventana

El tamaño de una ventana no es fijo, por lo que podemos modificarlo según nuestras necesidades. Para modificar el tamaño de una ventana:

1. Situar el cursor sobre un borde de la ventana
2. Pulsar y arrastrar sin soltar hasta el tamaño deseado

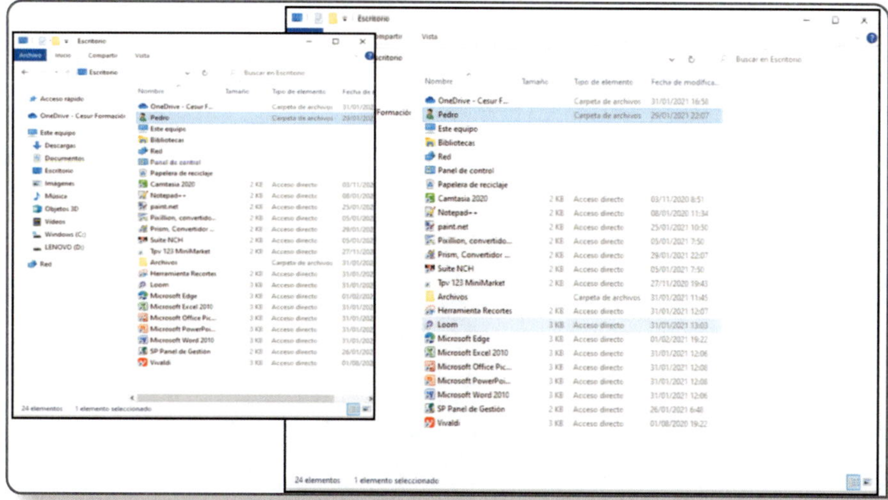

2.5.7. Mover una Ventana

Al igual que el tamaño, la posición de una ventana en el escritorio no es fija. Podemos desplazar una ventana hasta la posición que deseemos del escritorio. Para mover una ventana:

1. Hacer clic sin soltar sobrela barra de título
2. Arrastrar hasta la posición deseada

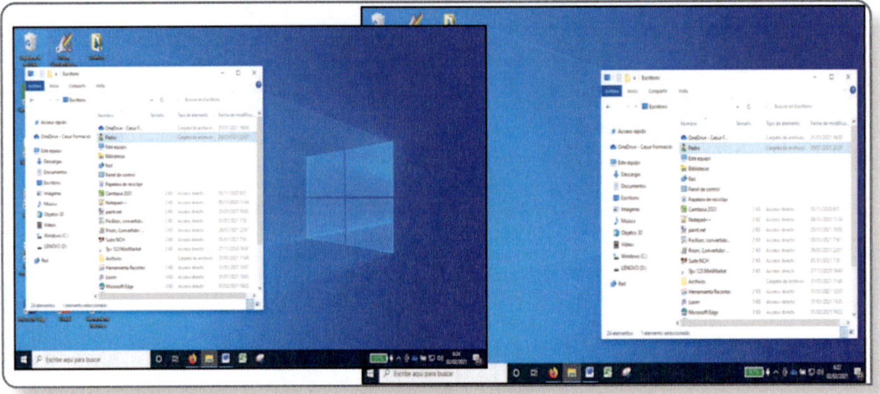

2.5.8. Organizar Ventanas

Desde la barra de tareas podemos organizar todas las ventanas que tengamos abiertas. Así, podemos colocarlas en Cascada, Mosaico horizontal o Mosaico vertical. Para organizar las ventanas:

1. Hacer clic con el botón derecho sobre la barra de tareas
2. Seleccionar la opción deseada

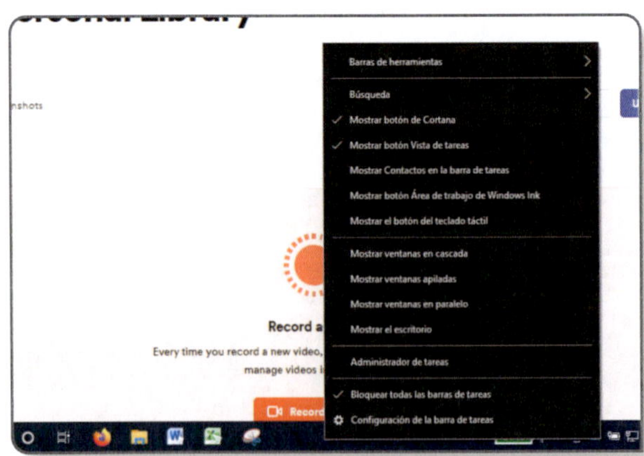

- La opción Cascada nos permite ver todas las ventanas abiertas mostrándonos las barras de título de cada una de ellas.

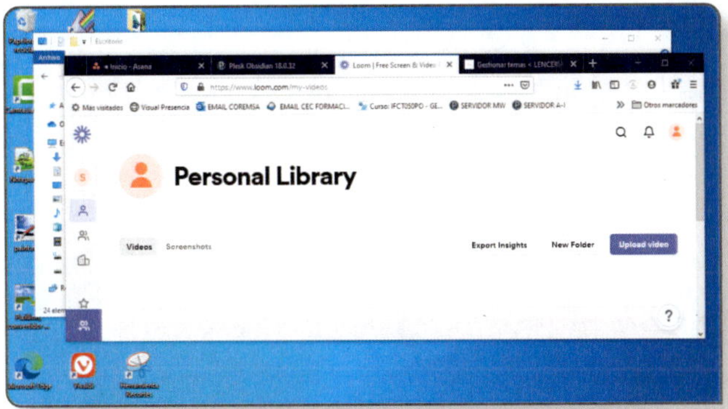

- La opción Mostrar ventanas apiladas.

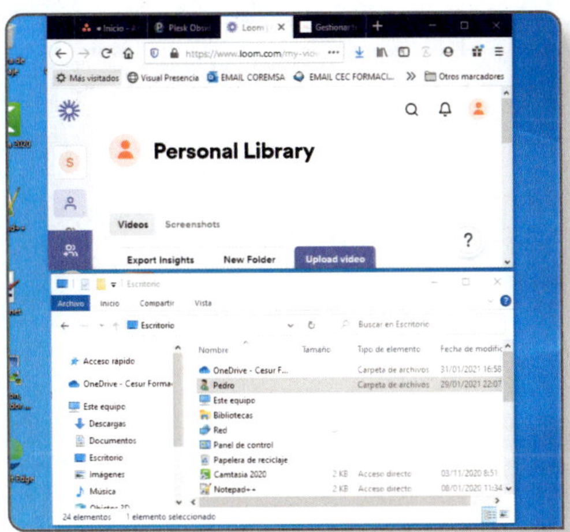

- La opción Mostrar ventanas en paralelo.

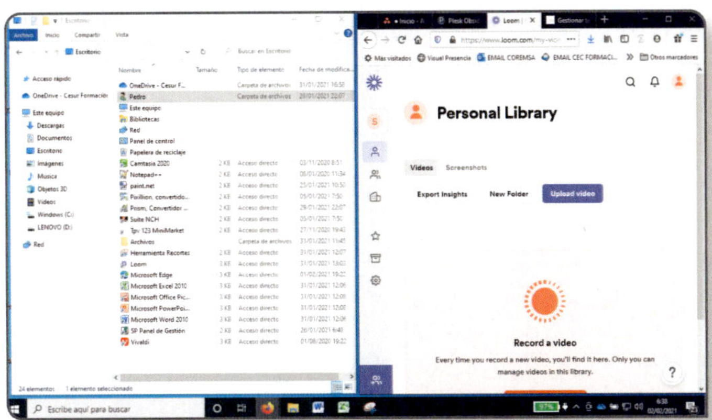

2.5.9. Deshacer Organizar Ventanas

Si hemos aplicado una de las vistas de Cascada o Mosaico, podemos volver sobre nuestros pasos y deshacer la vista que acabamos de aplicar.

Para ello:

1. Hacer clic con el botón derecho sobre la barra de tareas.
2. Seleccionar Deshacer cascada (o Deshacer Mostrar apilado).

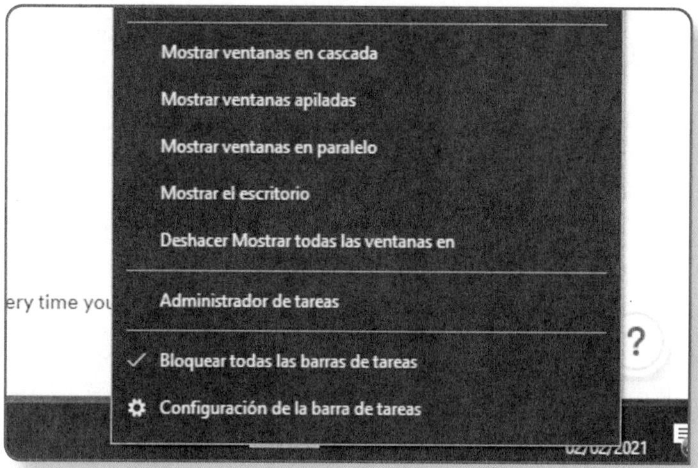

2.5.10. Menús Contextuales

Los menús contextuales son de gran utilidad en el entorno de Windows, ya que nos ofrecen un camino más directo para acceder a ciertas opciones.

Estos menús variarán dependiendo del objeto al que pertenezcan, aunque siempre podemos acceder a ellos de la misma forma:

1. Pulsar con el botón derecho sobre el objeto deseado, escritorio o fondo de ventana.
2. Seleccionar la opción deseada.

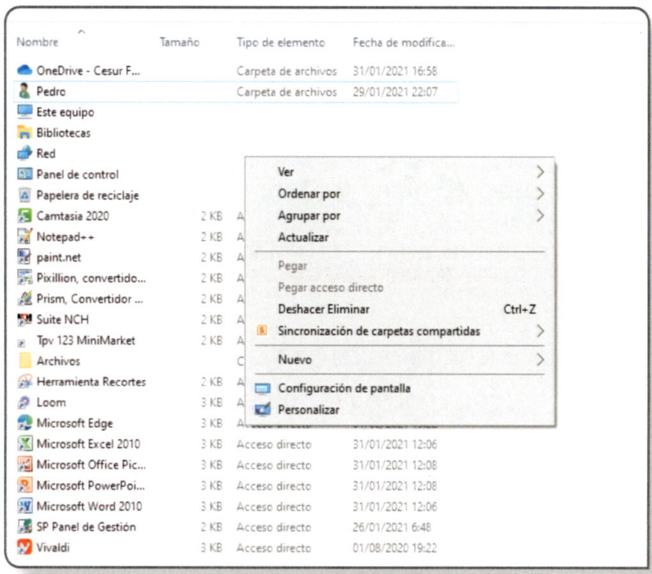

2.5.11. Botón Inicio

Como ya sabemos, el botón de Inicio es el punto de partida para empezar a trabajar y desde aquí podemos acceder a todas las aplicaciones disponibles en el sistema.

Windows 10 facilita un mayor control sobre las aplicaciones que aparecen en el menú inicio. Al pulsar el botón Inicio nos aparece un menú desplegable en el cual podemos distinguir diferentes áreas.

En la zona de la izquierda encontraremos el acceso al menú de usuarios, para cambiar entre usuarios o bien cerrar la sesión del usuario actual, y también el acceso a configuración de usuarios.

Seguidamente encontramos los accesos directo a documentos e imágenes, así como el icono de acceso al Panel de Control de Windows 10.

Justo debajo tendremos el botón de Apagar, Reiniciar o Suspender el sistema operativo.

En la zona derecha encontraremos todas las aplicaciones y utilidades instaladas en nuestro sistema operativo, organizadas por el nombre de la carpeta o archivo.

Al principio de esta zona, Windows 10 nos va a seleccionar, para su fácil acceso, las siguientes aplicaciones:

- Las agregadas recientemente
- Las más utilizadas

2.6. Configuración del Entorno de Trabajo

2.6.1. Personalizar el Menú de Inicio

Es posible también personalizar la apariencia y los elementos del menú Inicio de Windows 10, para lo cual debemos acceder al cuadro de Propiedades del menú Inicio. Si pulsamos el botón Configuración, se muestra una ventana desde la que podemos configurar los distintos aspectos de nuestro sistema operativo, incluido el menú de inicio.

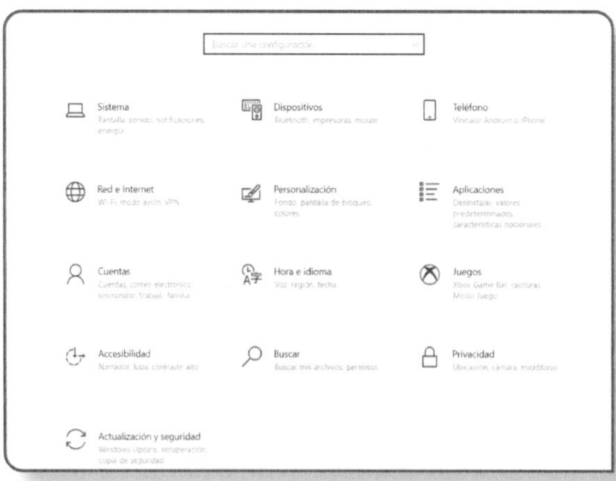

Para ello, una vez abierta la ventana de configuración, nos iremos al icono de personalización

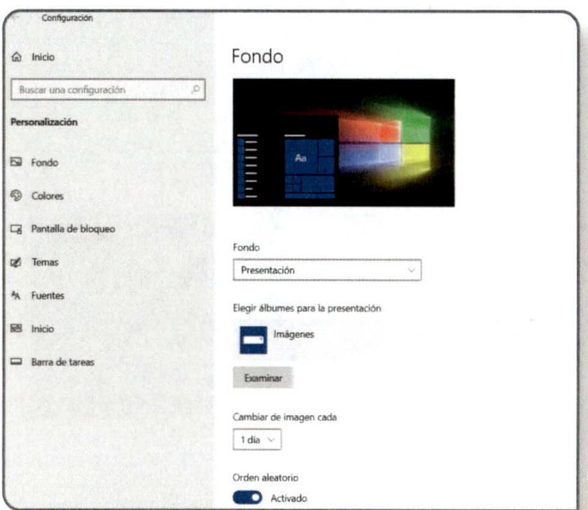

Como novedad, en Windows 10, en las distintas pantallas de configuración, nos vamos a encontrar con un menú lateral donde se irán disponiendo las distintas opciones de configuración, y una pantalla principal donde podremos ver las distintas opciones de cada uno de los apartados.

En el caso de la pantalla de personalización, lo primero que nos encontraremos es la opción de configurar el fondo de pantalla. Este puede ser una imagen fija, un color sólido, o bien una presentación de imágenes distintas, en la que se puede configurar cuales serán dichas imágenes, el orden en el que irán cambiando, y la frecuencia de cambio de dichas imágenes. De igual manera, también podremos configurar el ajuste de adaptación de dicha imagen a la pantalla de nuestro ordenador.

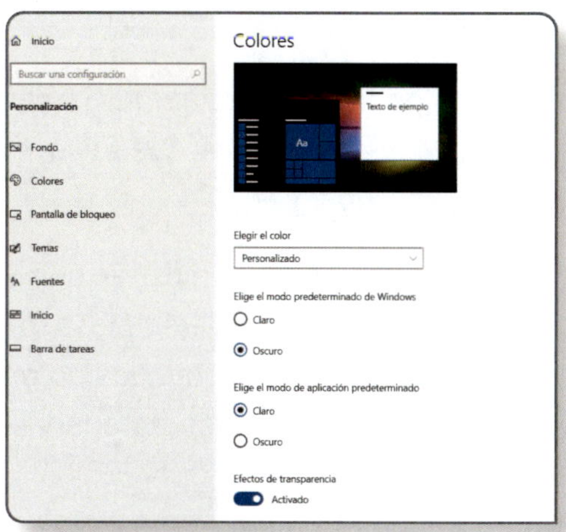

El segundo icono que nos vamos a encontrar es para configurar los colores de nuestro sistema operativo. Podremos elegir entre claro, oscuro y personalizado, así como distintos efectos de transparencia, aplicados a la barra de tareas.

La siguiente opción que nos presenta Windows 10 para la personalización es elegir la pantalla de bloqueo, y también podremos definir que aplicaciones se mostrarán en el estado rápido de la pantalla de bloqueo.

En la pestaña Temas, podremos elegir un tema predefinido, de los que trae Windows por defecto, o bien personalizar a nuestro gusto el tema elegido, en el que podremos definir sonidos, las imágenes de la presentación, los colores, el cursor del ratón, ... También podremos descargar más temas gratuitos desde la aplicación de Microsoft Store.

En la siguiente pestaña podremos definir las distintas fuentes que queremos que aparezcan en nuestro sistema operativo, para ello Windows nos mostrará todas las fuentes disponibles.

En la pestaña Inicio, Windows nos va a mostrar una serie de opciones para mostrar en el menú de inicio, como, por ejemplo, si queremos o no que aparezca la lista de todas las aplicaciones instaladas en el menú de inicio, o si queremos que nos muestre las aplicaciones agregadas recientemente, o las más usadas.

De igual manera podremos indicarle si deseamos que nos muestre sugerencias en el menú de inicio, y si este menú de inicio se muestre a pantalla completa.

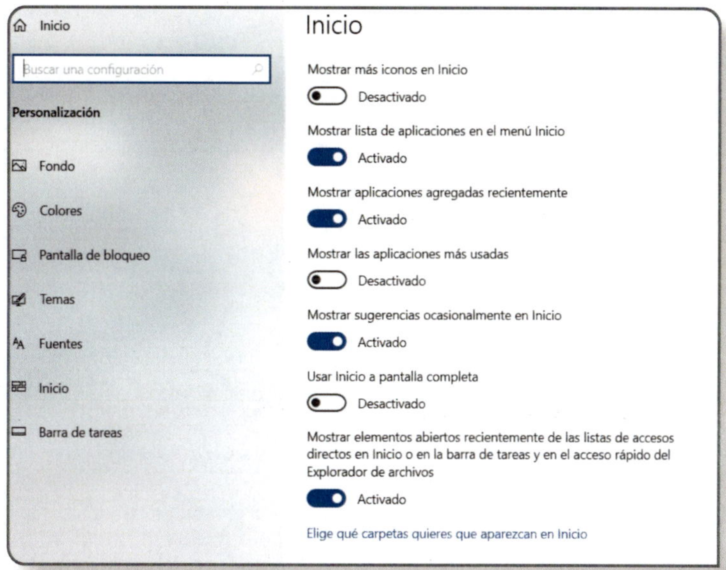

Podremos por último elegir que carpetas y archivos queremos que aparezcan en el inicio. Las opciones a elegir son las siguientes:

- Explorador de archivos
- Configuración
- Documentos
- Descargas
- Música
- Imágenes
- Videos
- Red
- Carpeta Personal

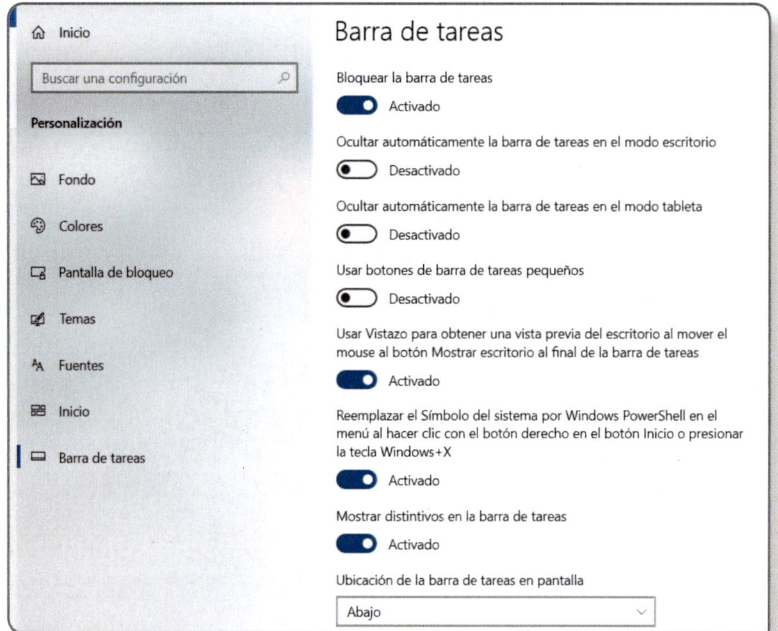

Por último, con respecto a la barra de tareas, podremos configurar si queremos bloquear la barra de tareas, o si queremos ocultarla automáticamente.

También podremos definir la ubicación de la barra de tareas dentro de la pantalla, pudiendo elegir entre abajo, arriba, a derecha o a izquierda.

Dentro de la misma pestaña de barra de tareas, podremos seleccionar que iconos queremos que aparezcan en el área de notificación, así como activar o desactivar lo siconos del sistema.

De igual manera, podremos definir si queremos que aparezca la barra de tareas en todas las pantallas, en caso de que estemos utilizando más de un monitor, o combinar los botones en otras barras de tareas.

2.6.2. Anclar al Menú Inicio

Como ya hemos visto, el menú Inicio está dividido en distintas áreas según su utilidad. Estas áreas, como podemos ver, están divididas por una franja a modo de separación.

Los iconos de acceso a algunas aplicaciones son fijos y los programas más usuales pueden ir variando según los programas que utilicemos. Pues bien, podemos hacer que nuestros programas favoritos o más usados estén fijos en el menú Inicio, para una mayor rapidez de acceso a éstos, es decir, que queden anclados en el menú Inicio.

Para ello:

1. Pulsar botón Inicio
2. Hacer clic con el botón derecho sobre el icono del programa que deseamos anclar
3. Seleccionar Anclar al menú Inicio

Podemos, asimismo, deshacer nuestros pasos desanclando el icono en el menú Inicio.

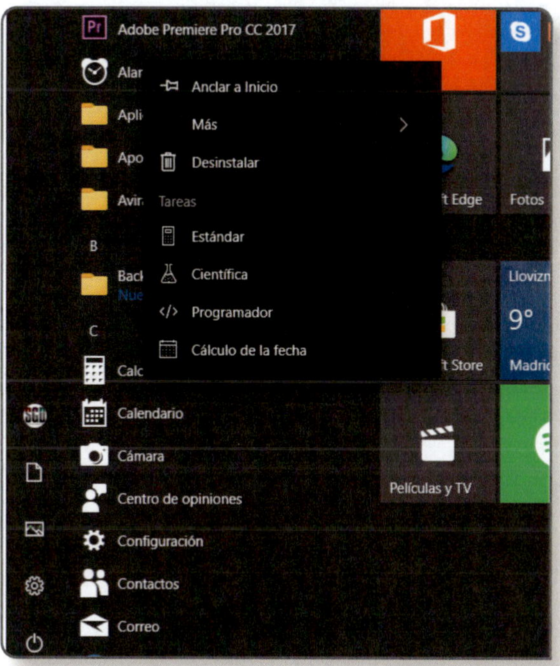

2.6.3. Configuración de Pantalla

Desde esta solapa podemos ajustar la resolución de pantalla y la calidad de color. Para ello pulsamos con el botón derecho en cualquier parte del escritorio que lo muestre como tal.

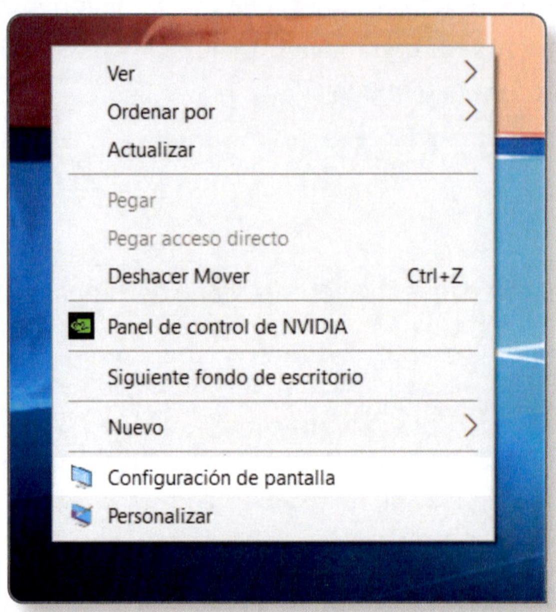

Podremos configurar distintos parámetros, como el ajuste de pantallas, en caso de tener varias, el color de iluminación nocturna, acceder a la configuración Windows HD Color, así como establecer el tamaño del texto y la resolución de pantalla, en la que, en ambos casos, el sistema operativo nos recomendará alguna en referencia al tipo de monitor o monitores que tengamos instalados.

3. Carpetas, directorios, operaciones con ellos

3.1. Definición

Una carpeta es un "compartimento" donde almacenar los archivos, de manera que éstos estén ordenados de un modo lógico y fácil de localizar.

3.2. Creación

Podemos crear todas las carpetas y subcarpetas (carpeta dentro de otra carpeta) que necesitemos. Para ello escogemos la unidad o carpeta donde deseamos crear la nueva carpeta y nos situamos en ella en el explorador.

Ahora tenemos dos opciones. O bien pinchamos en el icono de nueva carpeta que se encuentra en la barra superior del explorador, o bien, en cualquier parte de la carpeta actual, pinchamos con el botón derecho y nos dirigimos a Nuevo, y pinchamos en carpeta.

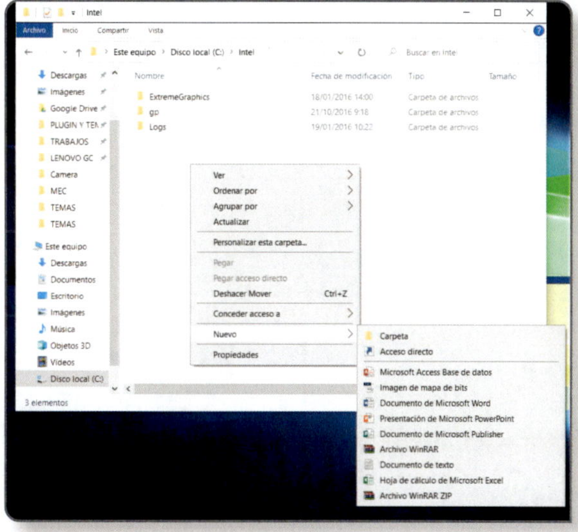

Se crea entonces una nueva carpeta, y ahora, para entrar en la carpeta, simplemente debemos hacer doble clic sobre su icono.

3.3. Marcar / Desmarcar Carpetas

Antes de realizar ninguna operación con archivos o carpetas, debemos marcarlos, es decir, seleccionarlos. Podemos seleccionar archivos o carpetas contiguas o separadas. Para seleccionar archivos o carpetas contiguas debes arrastrar el ratón alrededor de las carpetas a seleccionar manteniendo pulsado el botón izquierdo.

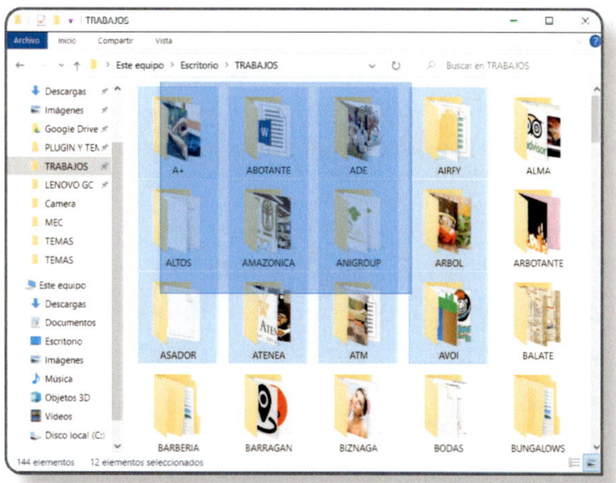

Para marcar archivos o carpetas no contiguos, pulsaremos la tecla Ctrl, y sin soltarla, vamos pulsando o haciendo clic sobre las carpetas o archivos a seleccionar.

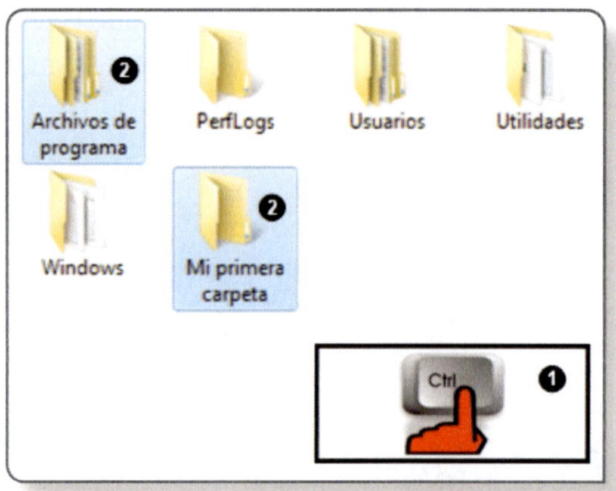

Si queremos seleccionar todo el contenido de una unidad o carpeta, tendremos que hacerlo desde el menú Inicio de la carpeta actual, pulsando sobre el elemento Seleccionar todo.

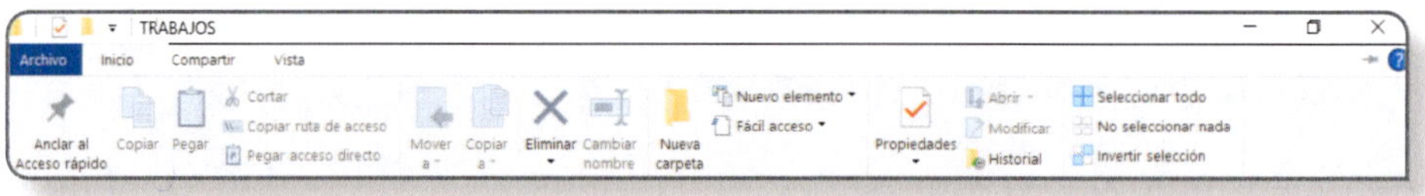

También podemos invertir la selección realizada, es decir, si tenemos varias carpetas seleccionadas, podemos hacer que se seleccionen todas las demás menos las primeras.

3.4. Acción de Renombrar

Con esta función podemos cambiar el nombre a cualquier carpeta o archivo. Para ello, abrimos la carpeta que lo contiene, seleccionamos con un clic la carpeta o archivo, y tras una pequeña pausa, pulsamos otra vez con un segundo clic.

En ese momento, el nombre del documento se marca en azul, y ya podremos introducir el nombre nuevo que queramos darle. Pulsando la tecla Intro, la operación se finaliza.

3.5. Acción de Abrir

El Explorador muestra el contenido de nuestro sistema en forma de árbol, de forma que podemos mostrar u ocultar sus "ramas".

Cuando seleccionamos una carpeta en el panel Carpetas (izquierdo), automáticamente se expande mostrándonos las subcarpetas que contiene, si éstas existen.

Al seleccionar otra carpeta, independiente de esta última, la anterior se contrae y se expande la siguiente.

Recordemos que en el panel derecho se mostrará el contenido de la carpeta que se encuentre seleccionada en el panel Carpetas.

Podemos abrir una carpeta haciendo doble clic sobre ella directamente.

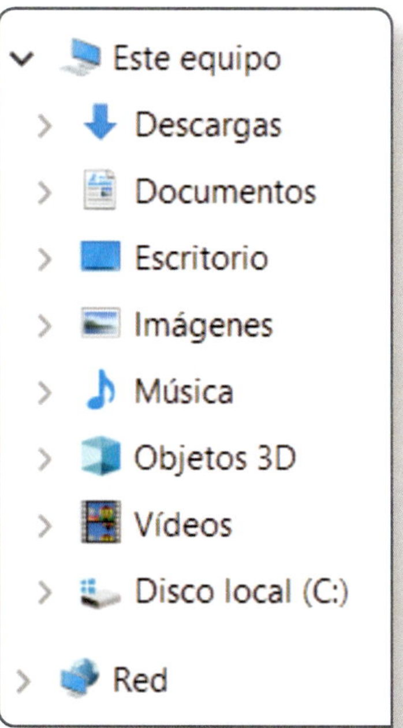

3.6. Acción de Copiar y pegar

Con esta opción crearemos duplicados de carpetas en otra carpeta o unidad de disco. Cuando copiamos una carpeta, ésta se duplica momentáneamente en el Portapapeles, lugar en el que se almacena hasta que volvamos a realizar otra copia. Para realizar una copia de una carpeta, la seleccionamos con un clic, y pulsando con el botón derecho del ratón, en el desplegable que se nos abre, seleccionamos Copiar.

Igualmente podemos copiar las carpetas seleccionadas con el atajo de teclado pulsando las teclas Ctrl + C (a la vez).

Igualmente podemos pegar las carpetas seleccionadas con el atajo de teclado pulsando las teclas Ctrl + V (a la vez).

3.7. Acción de mover

En vez de copiar y pegar, también tendremos la opción de mover los archivos y carpetas. Para ello se utiliza la acción de cortar, y pegar, con lo cual el archivo o carpeta se moverá de una ubicación a otra.

Para ello nos situaremos en la carpeta, la seleccionaremos, y pulsando el botón derecho del ratón, le daremos a cortar.

Igualmente podemos cortar las carpetas seleccionadas con el atajo de teclado pulsando las teclas Ctrl + X (a la vez).

Posteriormente, tendremos que dirigirnos a la ubicación donde queremos mover la carpeta ya cortada, y utilizar la opción de pegar, tal y como hemos visto antes.

El contenido del Portapapeles permanece disponible para poder pegarlo cuantas veces necesitemos.

3.8. Eliminación

Cuando estemos examinando el contenido de "equipo", una unidad o una carpeta, podemos eliminar las carpetas que ya no nos interesen.

Para ello operamos como hemos hecho anteriormente. Es decir, seleccionamos la carpeta o archivo a eliminar, y pulsando el botón derecho del ratón, elegimos la opción de eliminar.

Hay que indicar que los archivos y carpetas que eliminemos irán directamente a otra ubicación nueva, de forma temporal, llamada Papelera de reciclaje. Aquí se guardarán archivos y carpetas eliminados hasta que, o bien los eliminemos definitivamente, o bien los utilicemos de nuevo con la opción de restaurar, en cuyo caso irán de nuevo a la ubicación desde donde fueron eliminados.

4. Ficheros, operaciones con ellos

4.1. Definición

Un archivo o fichero informático es un conjunto de bits almacenado en un dispositivo y pueden ser usados por las aplicaciones., se identifican por un nombre

A los archivos informáticos se les denomina así porque son los equivalentes digitales de los archivos de oficina.

La forma en que un ordenador organiza, da nombre, almacena y gestiona los archivos suele depender del sistema operativo y del soporte de almacenamiento (disco duro, etc.).

4.1.1. Características Generales de los Archivos

- Nombre y extensión: Cada archivo es individual y es identificable por un nombre y una extensión opcional que suele identificar su formato. El formato suele servir para indicar el contenido del archivo.

  En un principio y debido a las limitaciones de los Sistemas Operativos los nombres de archivos tenían un máximo de ocho caracteres y tres caracteres en su extensión, en la actualidad se permiten muchos más caracteres dependiendo del Sistema Operativo que utilicemos.

- Los archivos pueden separarse en dos grandes grupos: ejecutables y no ejecutables.

4.2. Crear

Los archivos se pueden crear desde una aplicación, también podemos crear un nuevo archivo en el escritorio o en una carpeta abierta, desde el menú contextual.

Podemos crear los archivos que necesitemos. Para ello escogemos una unidad o carpeta donde vamos a crear el archivo. Pulsamos en cualquier lugar con el botón derecho del ratón, y nos vamos a nuevo.

Podemos elegir el tipo de archivo a crear dependiendo de las distintas aplicaciones que tengamos instaladas en nuestro ordenador. El sistema operativo nos muestra la posibilidad de crear archivos, por ejemplo, de:

- Documento de texto.
- Archivo de imagen.
- Una base de datos.
- Una hoja de Excel.
- Una presentación ...

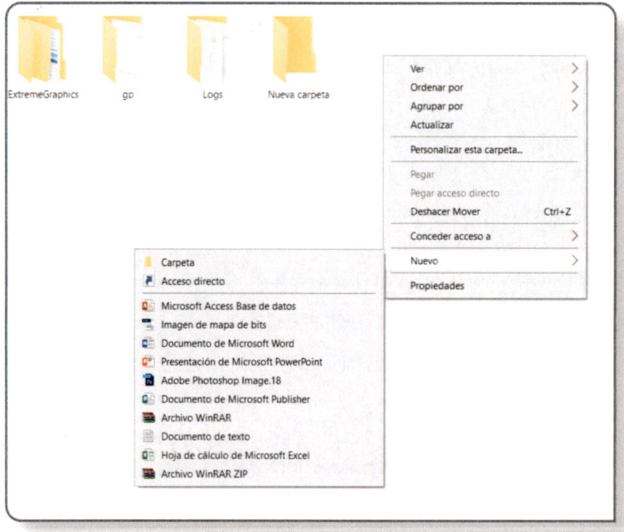

Ahora, para abrir el archivo, simplemente debemos hacer doble clic sobre su icono.

4.3. Otras Operaciones con Archivos

Antes de realizar ninguna operación con archivos o carpetas, debemos marcarlos, es decir, seleccionarlos. Podemos seleccionar archivos o carpetas contiguas o separadas. Para seleccionar archivos o carpetas contiguas. Para ello operamos igual que hemos visto para las carpetas.

De igual forma que hemos visto para las carpetas, lo haremos para los archivos a seleccionar de forma no contigua.

Para seleccionar todo o deseleccionar todo el contenido de la carpeta, lo haremos exactamente igual que hemos visto anteriormente para las carpetas.

Para renombrar un archivo, también realizaremos la misma operación que con las carpetas, pero hay que tener en cuenta de no variar la extensión del archivo, ya que cambiarían las propiedades del mismo, y se convertiría en un archivo inservible.

Las operaciones de copiar, pegar, cortar o mover archivos, también se realizan de igual manera a la que hemos visto para las carpetas.

La opción de abrir un archivo, se realiza exactamente igual que para las carpetas, bien por doble clic, o bien pulsando el botón derecho del ratón cuando estamos encima de dicho archivo. En el caso de los archivos, al abrirlos, se abre automáticamente la aplicación que los gestiona.

5. APLICACIONES Y HERRAMIENTAS DEL SISTEMA OPERATIVO

Los sistemas operativos incluyen una serie de aplicaciones y herramientas al usuario para poder realizar diversas tareas. Estas aplicaciones suelen ser básicas, para el tratamiento de textos, imágenes, comprimir archivos o carpetas, etc.

Las herramientas y utilidades para el mantenimiento del equipo y del sistema, nos permiten entre otras cosas configurar el sistema, agregar nuevos programas, añadir nuevos dispositivos, etc.

Veremos solo algunas de estas aplicaciones.

5.1. WordPad

WordPad es un pequeño pero potente procesador de textos que nos permitirá generar documentos de texto que pueden incorporar imágenes. Windows 10, nos ofrece un aspecto mejorado de WordPad, incluyendo la cinta de opciones que implanto Microsoft en Office 2007, aunque es distinta en ciertos aspectos a la que se presenta en el Word 2019.

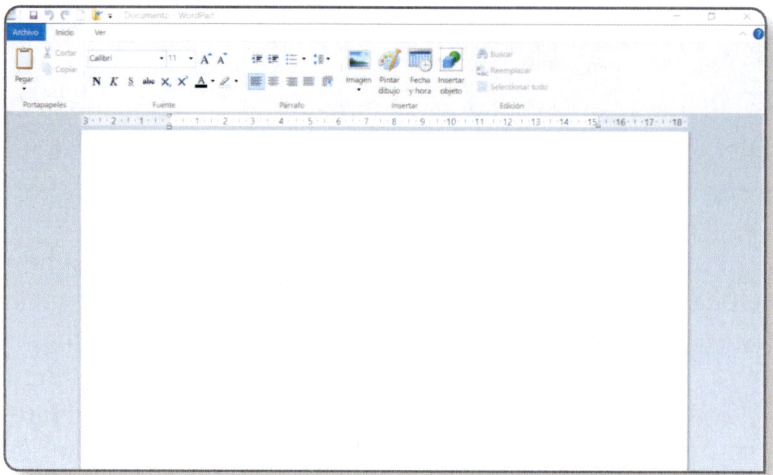

Al abrir el programa, nos encontraremos, en la barra de título, el menú de acceso rápido o barra de herramientas de acceso rápido, en lo que con anterioridad se denominaban barra de menú y barra de herramientas, se ubican ahora el menú principal o menú WordPad y la cinta de opciones.

WordPad es de las aplicaciones incluidas en Windows 10 que más modificaciones ha sufrido. Los cambios no solo son visuales, se podrán insertar imágenes, creación de imágenes con la aplicación Paint.

Otra de las mejoras es que ahora WordPad nos permite gestionar más formatos de archivos, por ejemplo ya podremos abrir documentos generados con Word, sin tenerlo instalado (DOC y DOCX), además de ficheros generados desde Open Office con extensión ODT.

5.1.1. Abrir un Documento

La opción Abrir muestra en pantalla el documento seleccionado previamente y guardado en la unidad de disco. Para ello, debemos entrar en la pestaña archivo, y pulsar en abrir. Se abrirá el explorador de Windows 10, y debemos buscar la ubicación exacta del archivo que queremos abrir. Cabe indicar que en este caso WordPad nos muestra archivos de texto con la extensión txt, doc, docx, odt y rtf.

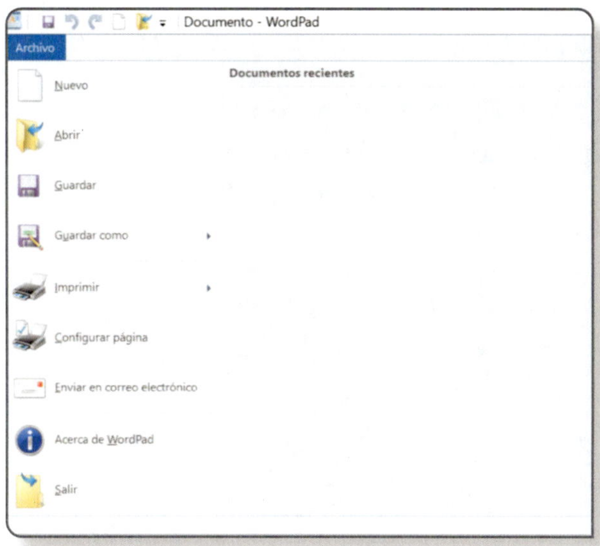

5.1.2. Nuevo Documento

Esta herramienta crea un nuevo documento en blanco en pantalla para comenzar a trabajar con él. Al igual que con la opción Salir, si el documento anterior no ha sido guardado previamente, WordPad nos lo recordará con un mensaje.

Al igual que con la opción abrir, nos debemos ir a la pestaña archivo y elegir la opción de nuevo.

5.1.3. Guardar un Documento

Esta herramienta se utiliza para almacenar el documento en la unidad de disco. Es recomendable dar un nombre al documento que nos recuerde su contenido. Al igual que con las opciones anteriores, debemos dirigirnos a la pestaña de Archivo, y en este caso pulsar en la opción Guardar, o bien en la opción Guardar como, en el caso de que deseemos guardarlo con un nombre diferente al que tenía al abrirlo.

5.2. Paint

5.2.1. Iniciar Paint

El programa Paint es una utilidad de dibujo gráfico que incorpora Windows 10. Paint presenta un aspecto mejorado, incluyendo la cinta de opciones que ya se implantó en Microsoft en Office 2007, y que también difiere de la cinta que se incluye en Office 2019.

Nos encontraremos en la barra de título, el menú de acceso rápido o barra de herramientas de acceso rápido, en lo que con anterioridad se denominaban barra de menús y barra de herramientas, se ubican ahora el menú principal o menú Paint y la cinta de opciones.

Paint junto a WordPad son de las aplicaciones incluidas en Windows 10 que más modificaciones han sufrido y no solo en su aspecto visual.

En la cinta de opciones existen dos pestañas, Inicio y Ver. En la pestaña Inicio están todos los iconos y herramientas para el tratamiento de imágenes. En la pestaña Ver, se ubican las opciones visualización en pantalla.

5.2.2. Abrir un Dibujo

Usaremos esta opción para recuperar un archivo de dibujo que tengamos almacenado en la unidad de disco, y para ello, debemos dirigirnos a la pestaña archivo y marcar sobre el icono Abrir. Esto nos llevará al explorador de Windows, desde donde tendremos que llegar a la ubicación exacta del archivo que queremos abrir.

En este caso, la aplicación Paint, buscará y nos mostrará todos los archivos compatibles. Es decir, todos los archivos con extensión de imagen, como pueden ser: bmp, jpeg, png, gif, tif, ico, webp, …

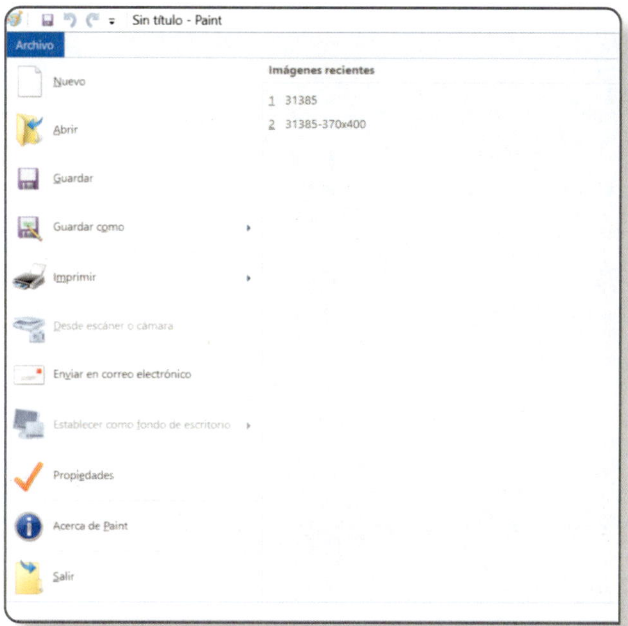

5.2.3. Guardar Imagen

La opción "Guardar como" sirve para almacenar nuestro archivo de dibujo en la unidad de disco con el nombre que deseemos. Para ello, al igual que ocurre con WordPad, tendremos que ir a la pestaña Archivo, y pulsar sobre Guardar o Guardar Como, en caso de que queramos renombrar el archivo que tenemos abierto.

5.2.4. Dibujo Nuevo

Esta herramienta permite comenzar un nuevo dibujo sobre un papel en blanco. En caso en que no hayamos guardado el dibujo anterior, Paint nos lo advertirá con un mensaje. Para ello, igualmente, nos dirigimos a la pestaña Archivo y pulsaremos sobre Nuevo.

5.3. Bloc de Notas

5.3.1. Iniciar el Bloc de Notas

El programa Bloc de notas es una utilidad de editor de texto básico que incorpora el sistema operativo Windows desde su versión 95.

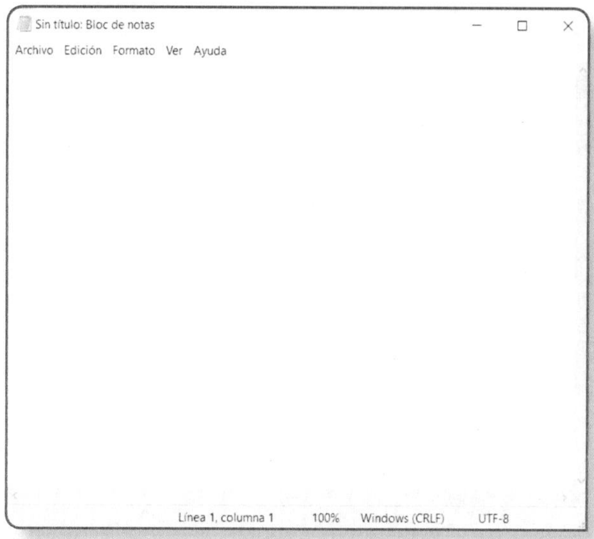

5.3.2. Abrir Documento

Usaremos esta opción para recuperar un archivo de texto que tengamos almacenado en la unidad de disco. Hay que señalar que el Bloc de notas solo abre archivos en formato txt. Para ello pulsamos sobre archivo, y en el desplegable hacemos clic en Abrir. Como siempre se abrirá el explorador de Windows para buscar la ubicación del archivo que deseamos abrir.

5.3.3. Guardar Documento

Esta herramienta se utiliza para almacenar el documento en la unidad de disco. Es recomendable dar un nombre al documento que nos recuerde su contenido. Para ello pulsamos sobre Archivo y una vez en el desplegable, al igual que con otros programas, haremos clic en Guardar o Guardar como.

5.4. Algunas Herramientas del Sistema Operativo

5.4.1. Limpieza de Disco

Es conveniente cada cierto tiempo realizar un mantenimiento de nuestro equipo para conservarlo en un óptimo estado.

El uso continuado del sistema crea una serie de archivos que no son ya necesarios y que pueden ser eliminados, como archivos temporales, de Internet, eliminados...

Para limpiar el disco tenemos que dirigirnos al panel de control del sistema operativo. Pulsamos en inicio y le damos al botón de configurar. Pulsamos en el icono de Sistema, para que se abra dicha pantalla. Ahora pulsaremos en Almacenamiento, y dentro de esa pantalla, buscaremos la opción de Optimizar unidades.

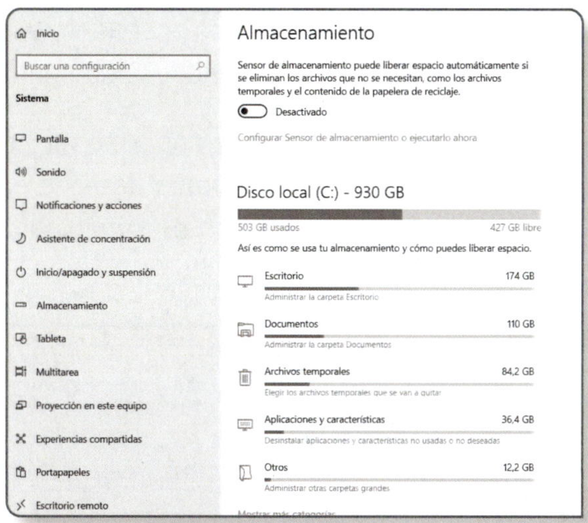

Se abre entonces el optimizador de unidades, y esta aplicación realizará automáticamente la limpieza del disco duro, eliminando archivos temporales inservibles, al igual que los archivos que se encuentren en la papelera de reciclaje. También realiza posteriormente una reubicación de archivos, o desfragmentación, para tener las distintas partes de los archivos organizadas en nuestro disco duro, y así sea más fácil y rápida su ejecución.

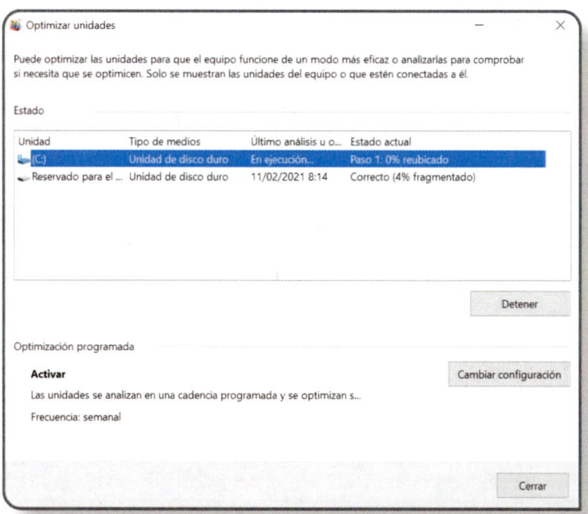

6.4.1. Abrir el Explorador de Windows

El Explorador de Windows es una utilidad desde la cual podemos administrar las carpetas y archivos del sistema, así veremos cómo crear, copiar, mover, borrar y renombrar carpetas y archivos. Su funcionamiento es similar a la de cualquier otra carpeta que abramos, como Equipo, Documentos, etc.

Cuando abrimos el Explorador, observamos que se divide en dos paneles: a la izquierda el panel de carpetas, y a la derecha el de archivos y subcarpetas. Así, en el panel derecho veremos el contenido de la carpeta o unidad seleccionada en el panel de carpetas.

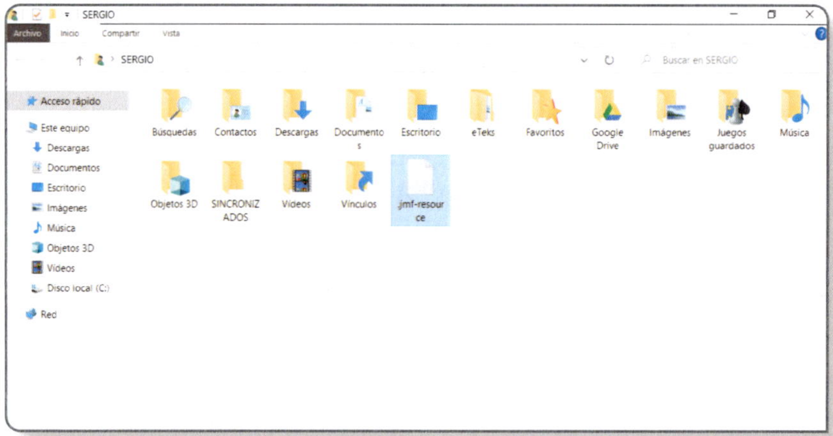

6.1. Información del Sistema

Podemos obtener toda la información que necesitemos acerca de nuestro equipo y su configuración, así como el hardware y software instalado.

De este modo, comprobaremos si existe alguna anomalía y podremos solucionarlo. Podemos obtener esta información de diversas maneras, por ejemplo, desde el Panel de Configuración de Windows 10.

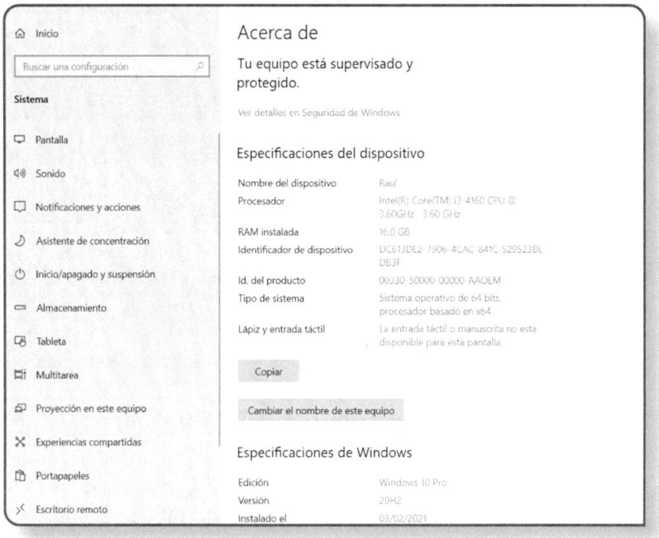

Una vez abierto, pulsaremos sobre Sistema, y nos situaremos abajo del todo, en el apartado Acerca de. Aquí se nos muestra el estado del equipo, sobre si se encuentra supervisado y protegido correctamente.

De igual manera, nos muestra información sobre el equipo en concreto, como puede ser, el tipo de procesador que tiene instalado, la memoria Ram, el tipo de sistema operativo instalado, información sobre el Windows 10 que tenemos instalado, así como distintas opciones de configuración relacionadas con el equipo y el sistema operativo. Por ejemplo, el administrador de dispositivos, la posibilidad de crear un escritorio remoto, la protección del sistema operativo, …

7. CONFIGURACIÓN DE ELEMENTOS DEL SISTEMA OPERATIVO

7.1. Configurador

Desde el Panel de configuración tenemos acceso a las herramientas que nos permiten configurar nuestro sistema; podemos instalar o desinstalar programas y hardware, configurar dispositivos, administrar usuarios, etc.

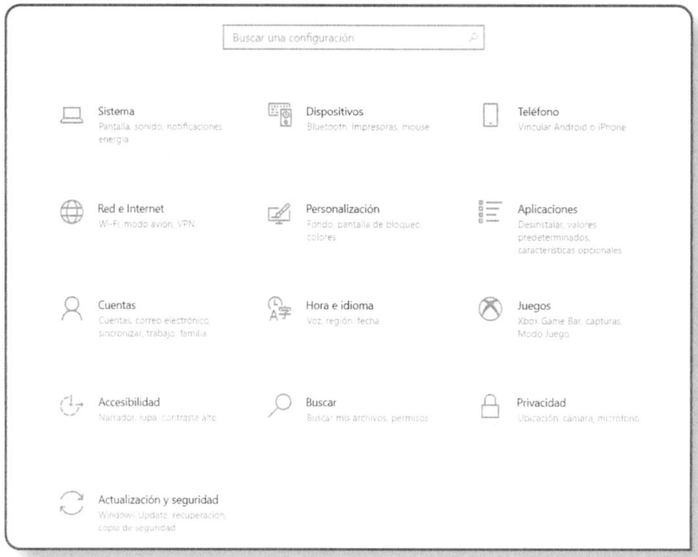

La ventana de Configuración dispone de un cuadro de tareas desde el cual podemos acceder a otras funciones adicionales. Este cuadro variará según la categoría en la que nos encontremos, dando acceso y ayuda a las tareas relacionadas. Así, los iconos aparecen ordenados por categoría, pasando a otra ventana o cuadro de diálogo con las opciones o tareas disponibles en una barra lateral.

7.2. Aplicaciones

Si queremos desinstalar algún programa, lo haremos desde esta opción del Panel de Configuración.

También podemos añadir o quitar componentes de Windows 10 desde el mismo cuadro de diálogo, en el apartado de Aplicaciones predeterminadas.

De igual manera, podemos indicarle a nuestro sistema operativo cual, o cuales, aplicaciones queremos que se inicien cuando arranquemos el equipo. Esto se realiza desde la pestaña Inicio.

Desde este mismo apartado se pueden configurar otras opciones como son la de mostrar los mapas cuando no tenemos conexión, distintas aplicaciones para sitios web, o configurar la forma de reproducción de Video.

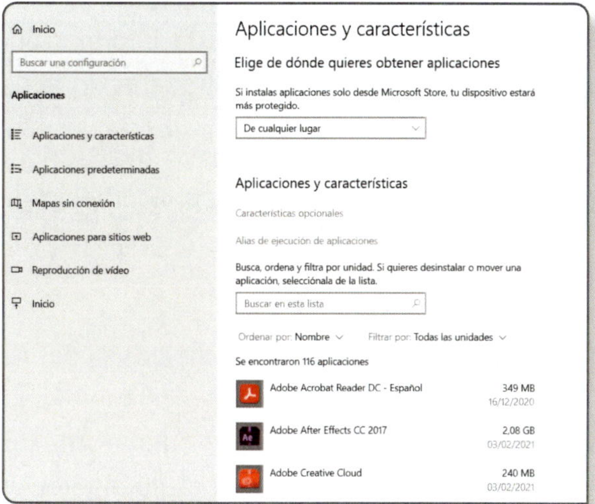

8. UTILIZACIÓN DE VUENTAS DE USUARIO

En Windows 10 podemos crear los usuarios que deseemos en el sistema. Esto permite que cada usuario tenga su propia interfaz, sus propias carpetas, su propia configuración y su contraseña para acceder al sistema.

Para ello, debemos acceder al icono Cuentas del panel de configuración de nuestro sistema operativo.

Tendremos, desde aquí, la opción de cambiar nuestros datos, como usuario activo, gestionar los distintos correos electrónicos que tenemos configurado en nuestro sistema operativo, y configurar las distintas opciones de inicio de sesión de usuarios.

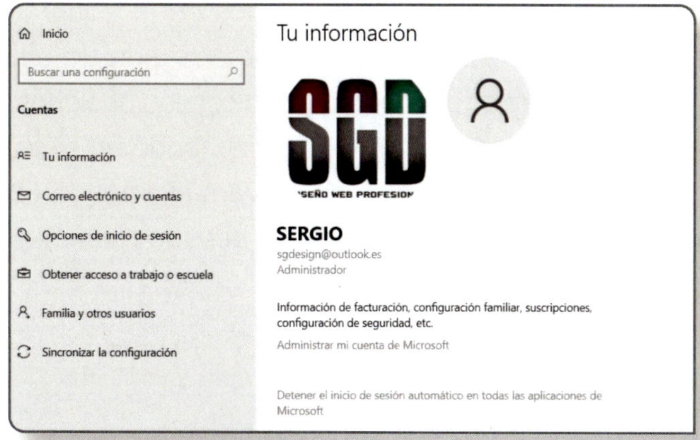

Desde aquí mismo, si tenemos el rol de administrador del equipo, podremos crear distintos usuarios, y además crear toda la información necesaria de los mismos, como pueden ser los datos, contraseña de acceso, imagen o logotipo, ...

Por último, podremos sincronizar toda la configuración de las cuentas, como son el tema, las preferencias de idioma, contraseñas, documentos privados, acceso a carpetas específicas, ...

Cuando creamos una cuenta, elegimos entre dos tipos: Administrador o Usuario estándar. Esto es así para evitar que accidentalmente un usuario modifique la configuración del sistema. Así, la cuenta Administrador, como hemos indicado, tiene privilegios para cambiar la configuración del sistema, instalar programas, gestionar las cuentas de usuarios, etc.

En cambio, la cuenta limitada no podrá modificar la configuración del sistema y sólo podrá instalar aquellos programas que no afecten al sistema, aunque sí podrá cambiar su imagen y contraseña.

Windows 10, al igual que sus inmediatos antecesores, nos permite mantener varias cuentas de usuario abiertas al mismo tiempo, de forma que un usuario no tiene que cerrar las aplicaciones con las que está trabajando para que otro usuario pueda iniciar su propia sesión.

Cuando el primer usuario vuelva a su sesión podrá reanudar su trabajo en el punto en que lo dejó. Ahora podemos cambiar de usuario sin necesidad de cerrar las aplicaciones que estamos usando.

Para ello pulsaremos en inicio, y pincharemos en el icono de apagado, donde nos aparecerá las opciones normales de apagado de equipo, como son apagar, reiniciar, suspender o hibernar, junto con las opciones de cambio de usuario, como es la de cambiar al usuario, pinchando en su icono, o bien cerrar la sesión del usuario actual, lo que nos llevará a la pantalla de inicio del sistema donde tendremos que pulsar sobre otro usuario existente.

9. CREACIÓN DE BACKUP

9.1. Copias de Seguridad y Restauración

Windows 10, al igual que Windows 7, en sus versiones Profesional y Ultimate, incorpora la utilidad de copia de seguridad, que es muy útil y nos sacar de más de un problema en el caso de la perdida de nuestros archivos.

La herramienta copia de seguridad y restauración está diseñada para guiar a los usuarios principiantes, con menos conocimientos técnicos de informática y a los usuarios avanzados en el proceso de crear y guardar una copia de sus archivos en una ubicación segura, así como en el proceso de recuperación de ellos.

Las copias de seguridad se podrán crear en DVD, en unidades externas de almacenamiento (Pendriver, Discos duros externos, etc.), en otro disco duro y en una unidad de disco en red.

Para ello, debemos pinchar en el icono Actualización y Seguridad del Panel de Configuración que hemos visto anteriormente. Una vez se abre la pantalla, en la barra lateral, debemos hacer clic en Copia de Seguridad.

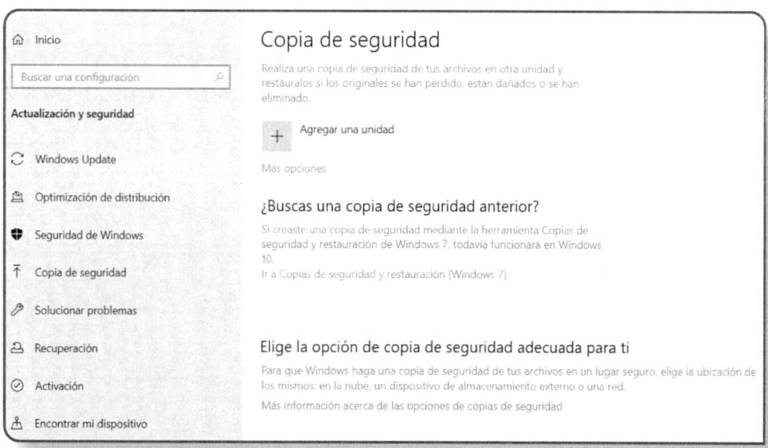

Lo primero que podemos hacer es indicarle a Windows 10 donde queremos realizar esa copia de seguridad, y para ello pulsaremos en Agregar unidad. Como hemos dicho, puede ser un pendrive, un disco duro externo, u otro disco duro que tengamos instalado en nuestro equipo informático.

De igual manera, podremos buscar una copia de seguridad y restauración que hayamos realizado anteriormente, bien con nuestro actual sistema operativo, o bien con Windows 7.

Windows 10, con esta herramienta nos permite diversos procesos de copia de seguridad, que podremos utilizar según nuestras necesidades o preferencias:

- Copia de seguridad de archivos:

  Permite hacer copias de seguridad de los archivos de todos los usuarios del ordenador.

- Crear una imagen del sistema:

  Crea una imagen de sistema, esta incluye Windows, configuración del sistema, programas y archivos.

- Crear un disco de recuperación del sistema:

  El disco de recuperación nos permitirá poner en marca el ordenador, al generarlo, se incluyen en las herramientas de recuperación del sistema Windows.

El objetivo de las copias de seguridad es poder recuperar estos archivos importantes en el caso de que se pierdan o se dañen. A este proceso de recuperación de datos perdidos se le llama Restauración de la copia de seguridad, y también puede ser útil en el caso de que cambiemos de dispositivo o bien, hayamos reseteado el ordenador.

Lo ideal es que las copias de seguridad no sean indiscriminadas, es decir, de todos los archivos que se encuentren en el dispositivo, y que estos backup se centren en salvaguardar únicamente los archivos que sean importantes.

En cualquier caso, por lo que se entiende por datos importantes depende únicamente y exclusivamente de cada usuario, ya que cada persona tiene su propia opinión sobre los archivos más importantes.

Si tenemos distintos archivos guardados en la nube en algunas plataformas como las de Google Drive, Microsoft OneDrive o Apple iCloud, no sería necesario duplicarlas en una copia de seguridad, ya que las tendremos disponibles en estos espacios virtuales.

También es aconsejable que se realicen estas copias de seguridad en una unidad de almacenamiento externa o independiente de tu ordenador para evitar que se pierdan de igual manera por el ataque de un virus o por la pérdida irreparable del dispositivo.

Elegir el tipo de copia de seguridad que vamos a realizar es algo importante a la hora de configurar cómo queremos tener nuestros archivos y datos a buen recaudo. Hay cuatro tipos distintos de copias que podemos realizar, y son más o menos convenientes en función del almacenamiento que tengamos disponible, de cada cuánto tiempo vamos a realizarlas, o bien, en función de nuestra forma de trabajar.

Los tipos de copia de seguridad que podremos realizar son los siguientes:

- La copia de seguridad completa sería el tipo más básico de copia de seguridad. Se trata de una copia de todos los datos que vamos a guardar en una unidad de almacenamiento externa, para tenerlos disponibles y hacer una restauración de nuevo en nuestro disco duro. Es un proceso sencillo de realizar, pero, sin embargo, este proceso es más lento, y es el que más espacio requiere en la unidad donde vayamos a hacerla. Estas son las copias que hace Windows 10 por defecto.
- Mediante la copia de seguridad incremental, el backup solo copiará o reescribirá los datos y archivos que han variado desde la última vez que se realizó la copia de seguridad. Para realizar esta acción, el sistema operativo se basa en las fechas y horas de modificación de dichos archivos. Al copiar sólo los datos que se han modificado, este tipo de copia es bastante rápido y se recomienda hacerlas diariamente, sobre todo en servidores empresariales.
- Por su parte, la copia de seguridad diferencial es un tipo de copia muy parecida a la incremental, con la diferencia de que en vez de coger como referencia la última copia sea cual sea, lo hará con la última copia de seguridad completa. Esto quiere decir que sólo copiará los datos que se hayan modificado desde la última copia completa, y que aunque más recientemente hayas hecho otras copias diferenciales, siempre copiará los modificados desde la completa.

- Por último, la copia de seguridad espejo es un tipo de copia de seguridad parecida a la completa, con la diferencia de que clona los archivos que se copian sin comprimirlos. Esto conlleva a que ocupen más espacio y que sean inseguros al no poder protegerlos con contraseña, pero sin embargo conseguiremos más de velocidad en el proceso de la restauración de dichos datos.

10. Soportes para la realización de un backup

10.1. Crear una Imagen de Sistema

Podemos crear la imagen de sistema en la unidad grabadora de DVD, un disco externo, o un disco virtual en la nube.

Para ello, debemos ir a la opción de Copia de Seguridad, que hemos visto en el apartado anterior, y pulsar en Ir a Copias de seguridad y Restauración (Windows 7).

¿Buscas una copia de seguridad anterior?

Si creaste una copia de seguridad mediante la herramienta Copias de seguridad y restauración de Windows 7, todavía funcionará en Windows 10.

Ir a Copias de seguridad y restauración (Windows 7)

En la ventana que se nos abre tendremos distintas opciones, como son:

- Cambiar la configuración de las copias de seguridad.
- Crear una imagen del sistema operativo
- Crear un disco de reparación del sistema.

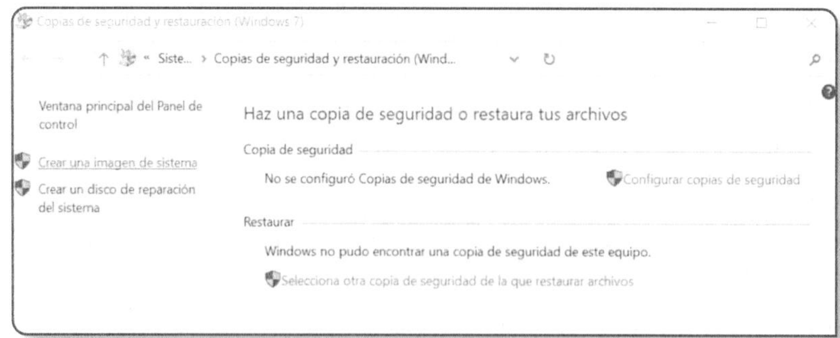

10.2. Crear y Recuperar la Configuración del Sistema o Equipo

Si nuestro sistema ha sido dañado o ha habido archivos importantes que han sido eliminados, podemos usar esta utilidad para volver a un estado anterior y así subsanar el problema.

Al crear puntos de restauración, almacenamos en ellos la información del sistema en un determinado momento.

Podemos crear un punto de restauración si vamos a realizar cambios en el sistema y así poder volver a este punto en caso de error grave.

Muchas de las aplicaciones que instalamos en nuestro ordenador, realizan esta operación para que el usuario tenga acceso al sistema operativo tal y como estaba justo antes de la nueva instalación de la aplicación.

10.3. Restaurar Sistema

Restaurar sistema nos permite restaurar los archivos de sistema del equipo a un punto anterior concreto. De esta manera podemos deshacer los cambios realizados del sistema en el equipo, sin que esto afecte a los archivos personales de los usuarios, como el correo electrónico, documentos, etc.

Puede ocurrir que la instalación de un programa o un controlador al instalar nuevo hardware pueda hacer que se produzca un cambio inesperado en el equipo o que Windows no funcione de una manera estable.

Normalmente al desinstalar el programa o el controlador del dispositivo se corrigen lo problemas. Si tras la desinstalación continúan los problemas, es cuando podemos restaurar el sistema del equipo al estado en que se encontraba, cuando todo funcionaba bien.

La restauración se efectuará al reiniciar el equipo, por lo que es aconsejable, guardar cualquier archivo sobre el que estemos trabajando, así como terminar de ejecutar cualquier aplicación que estemos utilizando.

11. Realización de operaciones básicas en un entorno de red

11.1. Acceso

Al instalarse Windows 10 se realizará la configuración de red en el caso de tener un Router, tarjeta de red, etc. o si lo instalamos a posteriori. Una vez creada la conexión a red, podemos cambiar o editar la configuración de la conexión. Para editar la conexión, desde el Panel de configuración, debemos clicar sobre Red e Internet.

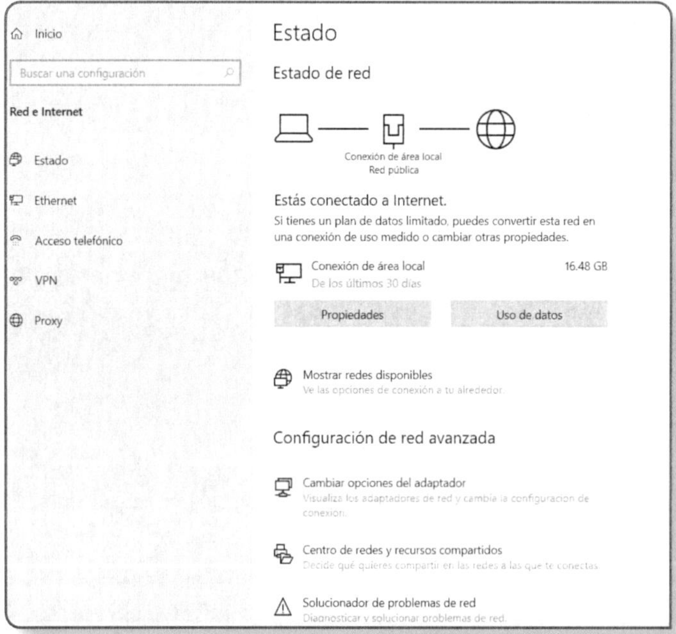

En la primera parte, nos muestra el estado de nuestra conexión de red, indicándonos si estamos o no conectados a internet, y mediante qué tipo de conexión lo estamos haciendo.

Podremos ver las distintas propiedades de nuestra conexión, y el uso de datos que hemos consumido en los últimos 30 días. Esto es muy útil a la hora de adquirir un servicio de cualquier operadora que tenga un consumo máximo mensual de datos.

Si pulsamos en el botón de propiedades, podremos ver el perfil de red que estamos utilizando; que puede ser pública, donde el equipo se muestra oculto para otros dispositivos que estén en la red, o bien privada, con lo que, al ser una red de confianza, el equipo se establece como reconocible y se podría utilizar para compartir archivos e impresoras.

Desde aquí, también podremos configurar un plan de consumo de datos limitados, y el sistema operativo se encargará de ajustar la conexión para intentar que este límite mensual no sea superado.

Finalmente nos muestra las propiedades de la conexión, donde podremos ver la velocidad de recepción y de transmisión, lo que se conoce como velocidad de subida y bajada.

También nos mostrará los datos de las dirección IPv6, IPv4, los servidores DNS, así como el fabricante y modelo de la tarjeta de red que tenemos instalada, con la última versión del controlador o driver instalado para esa tarjeta de red.

Seguidamente, desde el apartado Ethernet, podremos cambiar distintas opciones del adaptador de red, así como configurar las opciones del uso compartido.

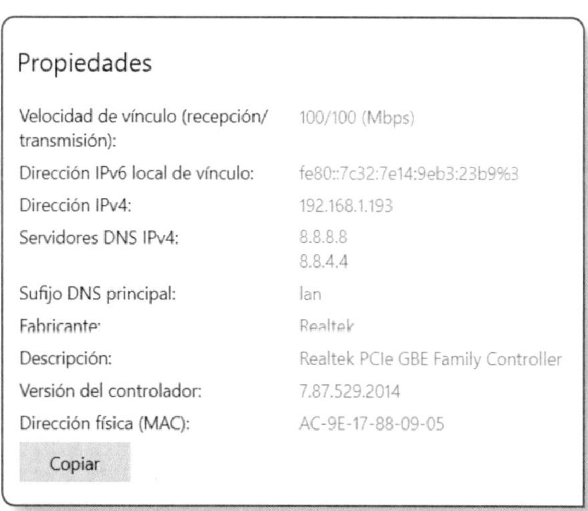

11.1.1. Compartir Conexión a Internet

En caso de que nuestro equipo tenga configurada una conexión directa a Internet, ésta puede ser compartida para que otros usuarios de la red puedan acceder a la web a través de nuestro equipo. Para compartir nuestra conexión a Internet, pulsaremos en Centro de redes y recursos compartidos.

En la ventana que se nos abre, pulsaremos en cambiar la configuración del adaptador. Seleccionaremos la red a compartir. Ahora pulsamos en el botón derecho del ratón y nos vamos a propiedades. En la solapa Uso compartido, le indicaremos que vamos a permitir que los usuarios se conecten a través de la conexión a internet de este equipo.

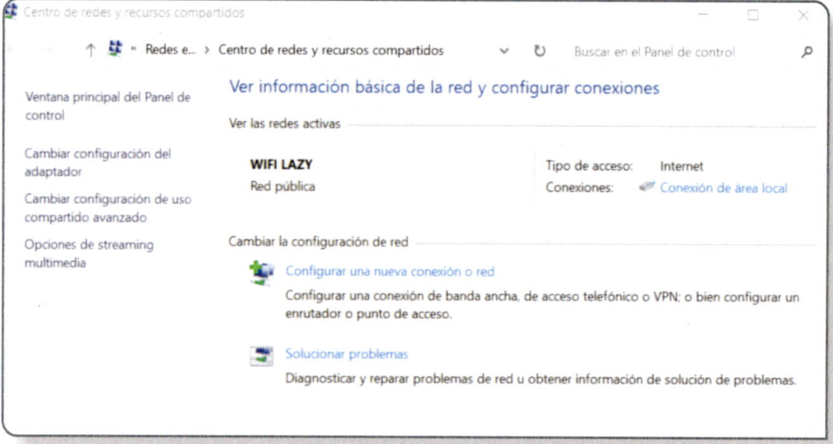

Resumen

- ⇨ Sistema Operativo es en sí mismo un programa de ordenador.
- ⇨ En 1985 Microsoft publicó la primera versión de Windows, una interfaz gráfica de usuario (GUI) para su propio sistema operativo (MS-DOS).
- ⇨ Windows NT 4.0 presentaba varios componentes tecnológicos de vanguardia y soporte para diferentes plataformas como MIPS, ALPHA, Intel, etc.
- ⇨ La principal diferencia de Windows 98 sobre Windows 95 era que su núcleo había sido modificado para permitir el uso de controladores de Windows NT en Windows 9x y viceversa.
- ⇨ Puedes ver varias páginas Web simultáneamente en una ventana con la exploración con pestañas o usar Pestañas rápidas (en inglés) para ver imágenes en miniatura de todas las páginas Web abiertas.
- ⇨ Cuando iniciamos Windows por primera vez, el menú Inicio aparece desplegado facilitándonos así el acceso a las aplicaciones y utilidades del sistema.
- ⇨ El escritorio de Windows es lo primero que vemos al iniciar el sistema, que contiene el icono de la Papelera de reciclaje, la barra de tareas y el botón Inicio.
- ⇨ Los iconos y accesos directos permiten acceder a aplicaciones y documentos de una manera más rápida y cómoda.
- ⇨ Las ventanas son el medio en que se nos muestra la información.
- ⇨ Apagar el equipo desconecta y cierra el sistema por completo.
- ⇨ Desde Equipo tenemos acceso a las unidades de disco y de red, dispositivos y carpetas compartidas del sistema.
- ⇨ La barra de título, situada en la parte superior de la ventana, informa de la aplicación y archivo abiertos.

- ⇨ La barra de menús se encuentra debajo de la barra de título y contiene los menús desplegables disponibles en la aplicación.
- ⇨ Los menús contextuales permiten acceder a las funciones más comunes relativas al objeto marcado.
- ⇨ El botón Inicio es el punto de partida para comenzar a trabajar. El menú Inicio se divide en diferentes áreas.
- ⇨ Desde la opción Temas de la pantalla de Personalización cambiaremos el tema de Windows, es decir, su interfaz.
- ⇨ Desde el Panel de control podemos administrar y configurar todo lo relativo al sistema y el equipo.
- ⇨ Desde el Panel de control podemos quitar un programa, así como añadir o quitar componentes de Windows.
- ⇨ Para crear una carpeta iremos al menú Archivo - Nuevo y seleccionamos Carpeta.
- ⇨ Para marcar archivos o carpetas no contiguos, debemos pulsar la tecla Ctrl a la vez que pulsamos sobre cada elemento a seleccionar.
- ⇨ Desde el menú Edición podemos seleccionar todo el contenido de una carpeta o bien invertir la selección realizada en ese momento.
- ⇨ Para copiar archivos o carpetas iremos al menú Edición – Copiar o usamos el atajo de teclado Ctrl + C. Para pegar el contenido en su destino usaremos la opción del menú Edición - Pegar o el atajo del teclado Ctrl + V.
- ⇨ Para mover archivos o carpetas iremos al menú Edición – Cortar y Edición - Pegar o usamos el atajo de teclado Ctrl + X y Ctrl + V, para cortar y pegar, respectivamente.
- ⇨ El contenido de las unidades y carpetas puede ser mostrado de diferentes modos: Iconos muy grandes, Iconos grandes, Iconos medianos, Iconos pequeños, Lista, Detalles, Mosaicos.

- ⇨ Las cuentas de usuario permiten personalizar a cada usuario su propia interfaz y carpetas, así como su propia configuración y contraseña de acceso al sistema.
- ⇨ La contraseña e imagen de una cuenta se asignan una vez creada ésta.
- ⇨ Existen dos tipos de usuarios: Administrador o Limitada. El primero tiene privilegios para realizar cambios en el sistema, mientras el segundo tiene estos privilegios limitados, aunque sí podrá cambiar su imagen y contraseña.
- ⇨ Realizar copias de seguridad de nuestros archivos y restaurarlos.
- ⇨ Crear disco de recuperación del sistema, así como una imagen del sistema.
- ⇨ La utilidad Comprobar errores en disco chequea las unidades del sistema en busca de fallos o anomalías en éstos para así poder solventarlos y obtener un mejor rendimiento.
- ⇨ En caso de tener varios equipos, podemos usar el Asistente para configuración de red para conectarlos entre sí, tras haber instalado el hardware necesario para ello.
- ⇨ Para editar la configuración de red iremos al Panel de control y en Redes e Internet seleccionamos Centro de redes y recursos compartidos.
- ⇨ Para ver los equipos conectados a la red iremos a Equipo, y para ver las carpetas compartidas de un equipo, haremos doble clic sobre éste.
- ⇨ Del mismo modo, si nuestro equipo está conectado directamente a Internet, podemos compartir esta conexión para que los usuarios de la red puedan acceder a la web.
- ⇨ WordPad es un pequeño procesador de texto incluido en Windows 7 que nos permite generar documentos de texto.
- ⇨ En Menú principal (Menú WordPad), Abrir podemos recuperar cualquier documento anteriormente guardado en la unidad de disco.

- ⇨ Para empezar a trabajar con un documento nuevo, en blanco, usaremos la opción Menú principal (Menú WordPad), Nuevo. Si el archivo anterior no fue guardado, WordPad nos lo recordará.
- ⇨ Con la opción "Guardar como" almacenaremos el documento con el nombre que deseemos en la unidad de disco.
- ⇨ Windows 7 incorpora su propia aplicación de dibujo gráfico: Paint.
- ⇨ En el menú principal o menú Paint podemos Abrir un archivo que deseemos recuperar y que esté almacenado en la unidad de disco.
- ⇨ Para almacenar nuestro trabajo en la unidad de disco usaremos la opción Guardar como.
- ⇨ Bloc de notas es un pequeño procesador de texto incluido en Windows 7 que nos permite generar documentos sencillos de texto.
- ⇨ En Archivo/Abrir podemos recuperar cualquier documento anteriormente guardado en la unidad de disco.
- ⇨ Para empezar a trabajar con un documento nuevo, en blanco, usaremos la opción Archivo/Nuevo. Si el archivo anterior no fue guardado, el Bloc de notas nos lo recordará.
- ⇨ Con la opción Guardar como almacenaremos el documento con el nombre que deseemos en la unidad de disco.

MÓDULO

2. Buscadores, trámites y gestiones en internet

Contenido del Módulo

ICB
EDITORES

UNIDAD

2.1. Introducción a la búsqueda de información en internet

Contenido de la Unidad

- Qué es internet
- Aplicaciones de internet dentro de la empresa
- Historia de internet
- Terminología relacionada
- Protocolo tcp/ip
- Direccionamiento
- Acceso a internet
- Seguridad y ética en internet
- Resumen

ICB
EDITORES

1. Qué es internet

Internet (INTERconnected NETworks) es la unión de miles de redes interconectadas a través de la infraestructura internacional de telecomunicaciones que permite la comunicación directa a lo largo de la mayor parte del planeta. Por eso se define como la "Red de redes".

A través de Internet se puede acceder a una gran cantidad de recursos de información y conocimientos compartidos a escala mundial. Gracias a la Red existe una vía de comunicación que permite establecer la cooperación y colaboración entre un gran número de comunidades y grupos de interés por temas específicos.

Existen algunos organismos que establecen estándares, como por ejemplo Internet Society, Internet Activities Board o World Wide Web Consortium. Pero Internet es una red descentralizada que no pertenece a nadie. Tampoco es homogénea porque la forman distintos tipos de redes y ordenadores con sistemas operativos diversos.

2. Aplicaciones de internet dentro de la empresa

Inicialmente, las empresas aplicaron internet para él envió y recepción de correos electrónicos y a la creación de su Web corporativa.

La evolución e importancia de internet en la actualidad hace que no solo sean estas las aplicaciones que se lee en las empresas.

El correo electrónico se ha vuelto fundamental en el quehacer diario de las empresas, ya que les permite una comunicación rápida y fluida con sus proveedores o clientes.

Las páginas Web, han evolucionado y gracias a ellas se ha podido implementar lo que se denomina como e-commerce (comercio electrónico). Es habitual que las empresas tengan en su Web una tienda on-line, lo que ayuda a aumentar las ventas al estar las 24 horas abiertas está a los clientes.

Internet se ha convertido en una gran herramienta de marketing, ya que facilita la rápida difusión de la empresa y sus productos.

Las empresas relacionadas con el sector turístico, compañías aéreas, hoteles, agencias de viajes, etc. son los que más utilizan internet para ofrecer sus productos, permitiéndonos realizar compra de billetes de avión o reserva de plaza en el hotel que deseemos.

El poder realizar la compra del supermercado y las gestiones bancarias por internet se ha convertido en algo habitual.

La implementación de la administración digital, está facilitando a las empresas muchos trámites administrativos en organismos oficiales, (Agencia tributaria, Seguridad Social, Ayuntamientos, etc.)

Incluso en las formas de trabajar con la implantación por parte de algunas empresas de la modalidad de teletrabajo, ha influido internet. Esta modalidad supone un ahorro para las empresas, espacio físico, tiempos de desplazamiento, etc.

Con la aparición de los Smartphone y de las Tablets, se abren nuevas posibilidades a la utilización de internet en las empresas.

3. Historia de internet

Dos hechos pueden considerarse como los embriones del nacimiento de Internet:

- En los años 60, durante la guerra fría, la Rand Corporation en los EEUU afrontaba un problema estratégico: poder comunicar entre sí a las autoridades norteamericanas tras un ataque nuclear.

  Se ideó un sistema de comunicaciones organizado como un sistema de pesca, en el que dichas comunicaciones no dependían del estado de un enlace concreto y la información podía encontrar su destino aunque alguno de los enlaces fuese ocasionalmente destruido.

- Tras el lanzamiento del Sputnik (1957), EEUU, que se sentía amenazada, creó ARPA (Advanced Research Projects Agency) con el fin de desarrollar nuevas tecnologías militares para la defensa; se conceptualizó una red de ordenadores que permitía el acceso a la información de manera inmediata. En 1967 se creó ARPANET.

3.1. La Red Militar y la Incorporación Universitaria

ARPANET era una red experimental, un proyecto de conexión de ordenadores pertenecientes a diferentes instituciones del Departamento de Defensa de los EEUU con fines de investigación y simulación militar.

La mayor parte de las pruebas se realizaban en las Universidades. En 1971 se creó un programa de intercambio de mensajes que supuso el nacimiento del correo electrónico.

Entre 1972 y 1980 la comunidad universitaria creó diversas redes paralelas a ARPANET y después las unió a ella.

El Pentágono perdió interés por ARPANET y la Red quedó en manos de la investigación y la comunicación.

3.2. La Popularización de Internet

En 1989 se produjo el último gran avance técnico hacia la popularización de Internet cuando Tim Berners-Lee, un científico del laboratorio europeo CERN, inventó un sistema de presentación de información para la Red: la World Wide Web, basada en el enlace automático entre textos.

Muchas empresas empezaron a considerar la Red como un excelente lugar para exponer su oferta comercial a un precio muy reducido, e Internet se convirtió en un objetivo de ámbito mundial.

En 30 años Internet se ha transformado en la mayor red mundial de equipos informáticos heterogéneos.

3.3. Características de Internet

Las propiedades que definen Internet como un medio de comunicación único son:

- Globalidad: Millones de personas tienen acceso a la Red.
- Intimidad: El usuario busca información específica y lee unos mensajes dirigidos a él. Además, el intercambio de información tiene lugar en un entorno casi íntimo.
- Interactividad: La información fluye en ambos sentidos y se adapta a

las demandas de ambos interlocutores. La principal consecuencia es el dinamismo que adquiere la información en actualizaciones de datos, recepción de sugerencias y atención al cliente.

- Bajo coste: El presupuesto supera ampliamente a los medios tradicionales en la relación coste/beneficio.
- Crecimiento continuo: Internet ofrece acceso a un mercado que está en permanente desarrollo.

4. Terminología relacionada

- WWW (World Wide Web): es el sistema de información propio de Internet (páginas web).
- HTML (HyperText Marker Language): lenguaje de programación utilizado para la creación de páginas Web.
- HTTP (HyperText Transfer Protocol): protocolo de transferencia mediante el que se transfiere la información entre los servidores y los clientes
- Arquitectura Cliente-Servidor: es el modo en que se distribuye la información en Internet El servidor es el ordenador donde están situadas las páginas web, este puede estar ubicado en cualquier sitio del mundo.

  El cliente es "nuestro ordenador", que solicita la página web al servidor, la recibe, y la muestra en nuestra pantalla.
- Navegador web: aplicación que visualizar la información de las distintas páginas Web.

  El programa interpreta los códigos de programación HTML, representándola en pantalla. Ejemplos de navegadores: Internet Explorer, Mozilla Firefox, Google Chrome, Opera...
- Portal en Internet: página web desde la que se puede acceder mediante enlaces a una amplia variedad de contenidos y servicios.

Este tipo de páginas se distingue porque apenas tiene contenidos, simplemente es una "puerta" para acceder a otras páginas web, una especie de "portada" del sitio web correspondiente. En la actualidad este concepto es un poco difuso y está empezando a caer en desuso.

- ISP (Internet Service Provider, "Proveedor de Servicios de Internet"): una empresa que conecta a Internet a los usuarios o las distintas redes locales.
- Protocolo de red o de comunicación: es el conjunto de reglas que especifican el intercambio de datos u órdenes durante la comunicación entre las entidades que forman parte de una red, o dicho más claramente, el "lenguaje" que hablan los ordenadores conectados en la red.

  En Internet hay más de 100 protocolos que se emplean para distintos usos; se suelen denominar globalmente.

  Protocolos TCP/IP:

- Protocolo de Control de Transmisión (TCP).
- Protocolo de Internet (IP).
- HTTP (HyperText Transfer Protocol): accede a las páginas web
- ARP (Address Resolution Protocol): resolución de direcciones DNS (Domain Name System, "sistema de nombres de dominio", traducen un nombre fácil de recordar como www.google.es en su dirección numérica correspondiente).
- FTP (File Transfer Protocol): transferencia de archivos.
- SMTP (Simple Mail Transfer Protocol) y POP (Post Office Protocol): para correo electrónico.
- Telnet para acceder a equipos remotos.
- URL (Universal Resource Locutor, Localizador Uniforme de Recursos): es la dirección que localiza una información dentro de Internet (en un servidor).

5. PROTOCOLO TCP/IP

Internet es la unión de diferentes tipos de redes y sigue el modelo de red denominado cliente/servidor, que se caracteriza por tener dos partes esenciales: los servidores y los clientes.

Los servidores son ordenadores de alta capacidad que distribuyen información. Los clientes son ordenadores que se conectan a los servidores desde cualquier punto de la Red para acceder a toda la información que contienen.

La filosofía del modelo cliente/servidor se basa en una característica fundamental: la cooperación, es decir, la posibilidad de compartir archivos y dispositivos.

Los seres humanos necesitan tener un lenguaje común para entenderse.

Del mismo modo, para poder establecer una comunicación entre ordenadores, es necesaria la existencia de una serie de normas que regulen dicho proceso.

Diversos organismos internacionales de normalización fijan este grupo de reglas en un protocolo.

El protocolo es el conjunto de normas que hacen posible el intercambio fiable de comunicación entre dos equipos informáticos. El TCP/IP es el grupo de protocolos que se utiliza en Internet.

Está integrado por dos componentes:

5.1. TCP

Se encarga de:

- Transformar la información en pequeños paquetes para enviarlos y ensamblarlos de nuevo cuando lleguen a su destino.
- Dividir los datos en paquetes, que se transmiten secuencialmente. Cada uno de estos paquetes puede ir por una vía distinta.
- Verificar la correcta transmisión y recepción de los paquetes.

- Controla la red para evitar sobrecargarla con demasiado tráfico.
- Funciona muy bien en redes con mucho tráfico, aunque presenta problemas con aplicaciones en tiempo real (que necesiten retardos mínimos), ya que a veces es difícil encontrar una vía libre.

5.2. IP

Es responsable de

- "Encaminar" los paquetes por las redes de comunicación.
- Identifica de manera única a las máquinas en la red. Consta de cuatro números separados por puntos, cada uno de los cuales puede ir de 0 a 255. Ejemplo: 75.125.8.255.
- A cada paquete a transmitir se le añade una cabecera, con las direcciones IP de las máquinas origen y destino, y una identificación del paquete (para reconstruir los datos en el orden correcto).

6. DIRECCIONAMIENTO

Las direcciones electrónicas son la forma de localizar un ordenador en la Red. Internamente, las direcciones electrónicas se identifican con números.

Ese número asignado a cada ordenador se denomina dirección IP (Internal Protocol) y es, por tanto, el identificativo numérico que diferencia a un ordenador de otro. Sin embargo, se estableció un método de identificación alternativo basado en nombres, el DNS (Domain Name System) o Sistema de Nombres de Dominio, que consiste en una base de datos de nombres y direcciones repartidas por todo el mundo.

Estas bases de datos se encargan de traducir las direcciones simbólicas DNS en direcciones numéricas IP.

De esta forma, los usuarios no manejan las direcciones numéricas IP sino los dominios, que poseen las siguientes características:

- Son intuitivos.

- Son únicos: Cada dirección corresponde a una persona u organización, de modo que se hace posible la localización de un ordenador en Internet a través de su dominio.
- Sirven para identificar una empresa o determinadas marcas comerciales.

La estructura de los nombres de dominio consta de dos o más elementos separados por puntos y ordenados de forma jerárquica de derecha a izquierda, y desde lo más general hasta lo más específico.

De esta manera, una empresa, por ejemplo, puede tener un dominio "empresa.com" y si desea establecer otro dominio para una filial, el nombre de dominio podría ser "filial.empresa.com".

La última parte (en este ejemplo ".com") corresponde al dominio de nivel superior que puede ser de dos tipos:

Dominio territorial: Es el dominio mantenido por cada país: Consta de dos letras: ".es" (España), ".us" (Estados Unidos), ".fr" (Francia), ".uk" (Gran Bretaña),...

Dominio genérico: Es el dominio básico en Internet. Tiene tres letras que varían según la organización o persona a la que corresponde:

- ".com": Para organizaciones comerciales.
- ".edu": Para instituciones educativas.
- ".net": Para organizaciones en red.
- ".org": Para organizaciones sin ánimo de lucro.
- ".int": Para organizaciones internacionales.
- ".gov": Para instituciones gubernamentales norteamericanas.
- ".mil": Para organizaciones militares norteamericanas.

La saturación de los dominios genéricos derivó en la propuesta de otros nuevos. Éstos son:

- ".firm": Para empresas.

- ".store": Para puntos de venta.
- ".web": Para operadores de servidores Web.
- ".arts": Para organizaciones artísticas y culturales.
- ".rec": Para organizaciones de recreo y entretenimiento.
- ".info": Para empresas informativas.
- ".nom": Para páginas personales.

7. Acceso a Internet

Las redes se unen a través de cables de fibra óptica, líneas telefónicas especiales RDSI y satélites. Asimismo, en Internet hay una serie de dispositivos hardware y software que permiten la transmisión eficiente de los datos entre los millones de ordenadores conectados. Los dispositivos o conexiones más importantes son:

- Repartidores ("Hubs"): Unen grupos de ordenadores y permiten su intercomunicación.
- Puentes ("bridges"): Son sistemas que posibilitan la conexión de dos redes locales entre sí. Ambas redes han de usar el mismo protocolo de comunicaciones.
- Encaminadores ("routers"): Realizan la misma tarea que el anterior pero buscando el camino más corto. Son equivalentes a los semáforos y los cruces en la Red porque desvían y canalizan el tráfico que circula por los puntos de bifurcación.
- Pasarelas ("gateways"): Son sistemas que permiten la comunicación entre una red local y un servidor. De este modo se puede obtener información del servidor y enviarle datos para su almacenamiento.
- Repetidores: Amplifican los datos a intervalos y así evitan el debilitamiento de la señal que los envía cuando la distancia a recorrer es grande.
- Cortafuegos ("firewalls"): protegen las redes de los intrusos.

- Nodos de intercambio: Son una serie de centros de control que ordenan la circulación generada en una determinada zona geográfica. Si no existieran estos nodos, el tráfico por la Red sería caótico y el tiempo de carga de la información resultaría exagerado.

7.1. Conexión a Internet

- Para que sea posible la conexión debe establecerse la siguiente cadena:
- El usuario es la persona que conecta con Internet. Para ello se pone en contacto con el proveedor de acceso.
- El proveedor de acceso es una compañía que da acceso a Internet a través de un ordenador (servidor) que está siempre conectado a la Red. Para ello, el proveedor se pone en contacto con el operador, que es una organización con una infraestructura Internacional de telecomunicaciones (en España, Auna, Telefónica...).
- La conexión entre usuario y proveedor de acceso es posible gracias a un ordenador y un software. Asimismo, el usuario deberá elegir entre usar una Línea de Abonado Digital Asimétrica (ADSL) o un módem y una red de telefonía básica.
- En caso de preferir la segunda opción, el módem es necesario porque los ordenadores se comunican con un sistema digital pero la red de telefonía básica lo hace con un sistema analógico. Así, el módem del cliente convertirá la señal digital a analógica y el del servidor realizará la operación inversa.
- En caso de preferir la opción de la Línea de Abonado Digital Asimétrica no es necesario el módem porque la señal es siempre digital. Esta opción es más cara pero también más rápida.
- La conexión entre el proveedor de acceso y operador es posible gracias a un servidor, un software y una línea telefónica dedicada. El servidor puede estar en una empresa proveedora de acceso y el usuario paga una cuota o puede estar dentro de la empresa donde trabaja el usuario.
- La línea telefónica dedicada podría definirse como una "tubería" por donde pasan los datos. Según la anchura de esa "tubería" (denominada "ancho de banda") caben más o menos datos simultáneamente.

7.2. Proveedores

Un proveedor de Internet o ISP (Internet Service Provider, "Proveedor de Servicios de Internet"): es la empresa que permite al usuario conectarse a Internet, generalmente vía telefónica (ADSL...); además le proporcionar al usuario el servicio y mantenimientos necesarios, suelen además ofrecer servicios relacionados, como cuentas de correo, alojamiento web o registro de dominios. Ejemplos: Yazztel, Vodafone, Movistar, Etc.

7.3. Tipos

Los distintos tipos de conexión a Internet que se pueden encontrar son:

- RTC, Red Telefónica Conmutada, hasta hace unos años era el sistema más utilizado para la conexión a internet de equipos domésticos o de empresa.

  Se necesitaba de módem: el módem es un aparato modulador/demodulador de onda, que permite transmitir señales digitales a través del teléfono u otro medio similar.

  Funciona "modulando" ("montando") la señal "portadora", que contiene la información, sobre una señal "moduladora", que es la que se transmite a través del teléfono; en el destino, se "demodula" la señal obteniendo de nuevo la "portadora" con la información.

  Dada su baja velocidad 56,6 kilobaudios (un baudio = 1 bit por segundo), que es insuficiente para las necesidades de las empresas y usuarios, ha quedado en desuso. Se continúan empleando en algunas aplicaciones industriales donde no se requiere mucha velocidad.

- RDSI (Red Digital de Servicio Integrado, este tipo de conexión mejoraba a la RTB, pero no llego a implantase de una manera masiva al aparecer otros modos de conexión con más ventajas y velocidad

- Red digital ADSL: ADSL son las siglas de Asymmetric Digital Subscriber Line (Línea de Suscripción Digital Asimétrica). Utiliza el mismo cable telefónico que los módem (aprovechando la red telefónica ya existente en todos los edificios) pero transmitiendo a frecuencias más altas que la voz humana, por lo que no interfiere con las líneas telefónicas de voz.

Se trata de una tecnología de banda ancha (se envían simultáneamente varias piezas de información, "en paralelo") que consigue mayores velocidades de transmisión.

- Conexión por cable: esta conexión a Internet utiliza señales luminosas en vez de eléctricas.

  Este tipo de conexión utiliza un cable de fibra óptica de altas prestaciones (antiguamente se empleaban cables coaxiales), que permite velocidades mayor velocidad que la ADSL.

  Hoy día apenas quedan líneas ADSL, ya que existe un convenio en España para llevar la fibra óptica a todos los lugares. Esta fibra óptica alcanza ya velocidades de 600 Mg de subida y de bajada.

- Redes inalámbricas (WIFI): en realidad lo que se conecta es el ordenador personal (típicamente un portátil, pero también puede ser un dispositivo de telefonía móvil o un equipo industrial) al router conectado a Internet.

- Conexiones para teléfonos móviles:

  ⇨ GSM (Gobal System Mobile): fue el primer sistema estándar en la comunicación de móviles.

  ⇨ GPRS (General Packet Radio Service): es la evolución de GS, estando más orientado al tráfico de datos.

  ⇨ UMTS (Universal Mobile Telecommunications System): se trata de la cuarta generación para dispositivos móviles (4G), se logran velocidades de transferencia mayores que GSM y GPRS, lo que permite utilizar aplicaciones no se podían utilizar anteriormente.

  En la actualidad se está en vías de implantación el 5G

7.4. Software

Los programas necesarios para utilizar Internet dependen de los servicios a utilizar. Dado que se ubican en el ordenador "cliente", suelen denominarse "clientes de Internet".

En las empresas suelen ser necesarios al menos tres tipos:

- Navegador Web (Web browser): programa que permite visualizar páginas web, algunos de ellos son, Microsoft Edge, Mozilla Firefox o Chrome.
- Cliente de correo electrónico: programa que facilita la gestión de cuentas de correo electrónico y nos permite enviar y leer los mensajes de correo electrónico, por ejemplo, Outlook o Gmail.
- Existen aplicaciones para la mensajería o videoconferencia, por ejemplo Skype y Zoom.

8. Seguridad y ética en Internet

8.1. Ética

Como se hace con cualquier otra herramienta que se utilizan en el mundo empresarial, es necesario guardar el respeto a los principios de la ética y la deontología profesional cuando se utiliza Internet como instrumento de trabajo. De igual modo, sirven los mismos principios de legalidad, integridad, honradez, respeto a las personas y a sus derechos, honor, competencia leal, trato correcto y educado, etc.

En su comienzo, en Internet "todo valía", prácticamente cualquier cosa estaba permitida, e incluso grandes y conocidas empresas empleaban la red como medio para obtener información por medios discutibles, criticar a la competencia o hacer publicidad fraudulenta.

Hoy en día la legislación de los distintos países controla también la implantación de las empresas en Internet, por lo que estas actividades "poco claras" han disminuido y su incumplimiento está legislado. Fue muy importante la implantación de leyes de protección de datos personales, de regulación del comercio electrónico y de protección específica de los menores.

Al igual que en las relaciones personales y profesionales existen una serie de normas no escritas para la interacción con las personas, en Internet nos encontramos con el concepto de Netiqueta (o Netiquette, del francés étiquette "buena educación", y Net o Network, en referencia a la red Internet).

La Netiqueta a guardar se refiere sobre todo al uso de foros de discusión, y secundariamente a correos electrónicos, y varía enormemente de unos entornos a otros. Como reglas no escritas más habituales tenemos desde evitar el uso de mayúsculas en los mensajes (equivalen a "gritar") hasta procurar ser lo más conciso posible en las comunicaciones por Internet, pasando por toda una jerga o argot de palabras, abreviaturas y emoticonos ("dibujos" hechos a base de letras y símbolos, como :-) para indicar una sonrisa) que aunque surgieron para comunicaciones personales ya se están filtrando al mundo de la empresa.

8.2. Seguridad

Con el auge del comercio electrónico y la banca electrónica, unos de los aspectos que más preocupa a las empresas y los usuarios de internet son la seguridad, acceso y privacidad de los datos.

No ha de confundirse la seguridad informática con seguridad de la información, la seguridad informática es la que se encarga de esta en el medio informático. La seguridad informática es la encargada de diseñar normas, procedimientos, técnicas y métodos con el objetivo de lograr un sistema informático seguro y de confianza.

La seguridad en internet cada día es más importante dentro de la seguridad informática e implica la protección frente al acceso, alteración o destrucción de datos por parte de personal no autorizado para ello, tanto de los documentos de la empresa como del correcto funcionamiento del sistema en sí, para el buen funcionamiento de la empresa. Implica tanto la detección de posibles intrusiones o pérdidas, como las técnicas para repararlas, así como la prevención para evitarlas.

Algunas de las amenazas a los sistemas informáticos más importantes tenemos:

- Los propios usuarios del sistema: descuidos, mala fe de empleados descontentos, sobornos... Por increíble que parezca, la estadística y la historia nos dice que en su mayoría los responsables de grandes desastres informáticos han sido personal de las empresas afectadas.
- Siniestros: incendios, robos, sabotajes, averías... que pueden destruir el sistema o hacer que se pierdan sus datos.

- Intrusos (físicos o por Internet):
  - Hacker: buscan defectos y agujeros de seguridad, normalmente intentando acceder al sistema por vía remota.

    Suelen autodeclararse “no destructivos”, pero pueden dañar el sistema.
  - Cracker similares a los hackers, se suelen mover más por motivos económicos (delinquir contra los intereses de la empresa, o quizá robar información o tecnología para su venta a un tercero) o ideológicos (activistas).
  - Piratas informáticos: el objetivo de éstos suele ser robar la tecnología o los datos de la empresa, sin alterarlos; los más conocidos son los que realizan copias no autorizadas de material audiovisual, para su venta fuera de los canales legales.
- Amenazas que llegan a través del correo electrónico
  - Phising: estos mensajes intentan conseguir información confidencial de manera fraudulenta o con engaños, por ejemplo las contraseñas de una cuenta bancaria.
  - Spam: “correo basura” publicitario; no es peligroso de por sí pero puede saturar el sistema.
  - Ataques “DoS (Denial of Service, “denegación de servicio”): sobrecarga intencionada de la red, por ejemplo haciendo que miles de ordenadores intenten acceder al servidor de nuestra empresa, “atascando” literalmente el sistema e imposibilitando que los usuarios legítimos (trabajadores, clientes) puedan usarlo.
- Programas maliciosos
  - Virus: se replica y autoejecuta, típicamente insertándose en un archivo; algunos tienen pocas consecuencias, pero gran parte son muy dañinos, y en todo caso ralentizan el sistema.
  - Gusano: virus que se instala en la memoria, haciendo lentas o inviables las tareas.

- ⇨ Bomba lógica: se activa sólo si se cumplen ciertas condiciones (fecha, pulsar teclas...).
- ⇨ Troyano: permite que usuarios externos puedan acceder al sistema informático.
- ⇨ Programa espía (spyware): recopilan información sobre un usuario sin su conocimiento (páginas que visita, datos que teclea, etc.).

Por todo esto, es recomendable y necesario implantar "Políticas de Seguridad Informática" en todas las empresas que permitan prevenir, detectar y solucionar los posibles problemas.

Para ello hay que implicar a todos los miembros de la organización, designando responsabilidades, implantando un sistema de usuarios y contraseñas, instalando antivirus, estableciendo barreras de control físico para los datos más importantes (guardarlos bajo llave), planificando la realización periódica de copias de seguridad, etc.

No hay que olvidar que la mayoría de las empresas dependen de un sistema ofimático para su funcionamiento normal, y que la caída de este sistema, la pérdida o deterioro de los datos y documentos que contiene, o el robo o destrucción de los mismos, puede suponer un trastorno para la empresa que puede llevarla al cese temporal o definitivo de sus actividades.

8.3. Contenidos

Cualquier cosa que se publique libremente en Internet puede ser vista por prácticamente cualquier persona del mundo.

Por tanto, debemos tener en cuenta antes de publicar algo en la red WWW:

- ♦ Que los contenidos publicados están dentro de la legalidad vigente, especialmente que no vulneran la legislación de propiedad intelectual e industrial ni la de protección de datos personales (esencial si a través de Internet recabamos datos de personas físicas).
- ♦ Que los contenidos originales que publiquemos estén debidamente registrados, a fin de que no puedan ser copiados libremente por otras personas que visiten la página. Si se publica algo en la red sin estar registrado, será difícil poder reclamar su autoría.

Hay que tener en cuenta que al tratarse de una red internacional puede haber conflictos con las distintas legislaciones aplicables; antes de dar nada por supuesto conviene asesorarse jurídicamente para evitar futuros problemas.

Por otra parte, conviene usar estándares populares en Internet de modo que cualquier posible visitante pueda acceder a la información que publicamos.

Por ejemplo, las imágenes suelen incluirse en formato JPEG (.jpg o .jpeg), uno de los más eficaces en cuanto a compresión de datos, que mejora la velocidad de transmisión.

Para documentos se pueden usar estándares populares como los de Microsoft Office, Documentos de Google (que se almacenan en la nube), pero el estándar más usado actualmente es el PDF (Portable Document Format, Formato de Documento Portátil), un formato de almacenamiento de documentos desarrollado por Adobe Systems que almacena texto, imágenes y gráficos vectoriales en un formato legible por los principales sistemas operativos, sin que se altere el aspecto de presentación del documento original. Su uso es gratuito.

Resumen

- Internet es una unión de miles de redes interconectadas entre sí a escala internacional. Nos permite el acceso a infinidad de recursos e información.
- El origen de Internet se debe a la creación de una red que solucionaba los problemas de comunicación que tenía el ejército americano durante la Guerra Fría.
- El gran avance de Internet se produjo con la aparición del hipertexto.
- Las características de Internet son la globalidad, intimidad, interactividad, bajo coste y crecimiento continuo.
- Internet sigue el modelo de cliente/servidor, y éstos se comunican a través de un protocolo que hace posible la comunicación: TCP/IP.
- Para realizar la transmisión de datos se necesitan una serie de dispositivos, como hubs, bridges, routers, gateways, repetidores, cortafuegos y nodos de intercambio.
- Para que un usuario se conecte a Internet debe tener acceso a los servicios de un proveedor con el que se conectará vía telefónica con un módem, que hará las veces de traductor entre las señales analógicas de la línea telefónica y las digitales del ordenador.
- Cada ordenador tiene asignado una dirección electrónica para ser identificado. Ésta consta de dos o más elementos separados por puntos, ordenados de derecha a izquierda, y desde lo más general a lo más específico.

UNIDAD

2.2. La Firma Electrónica

Contenido de la Unidad

- Concepto de firma electrónica
- Elementos de la firma electrónica
- Tipos de firmas
- Dispositivos externos de firma electrónica
- Resumen

ICB
EDITORES

1. Concepto de firma electrónica

La firma electrónica es un concepto clave en la era digital, especialmente en el contexto de las transacciones y comunicaciones en línea. Se define como un equivalente electrónico de una firma manuscrita, utilizada para autenticar la identidad del firmante de un documento digital y asegurar la integridad del contenido del documento.

En la Unión Europea, el Reglamento (UE) nº 910/2014, conocido como eIDAS, establece el marco legal para las firmas electrónicas, proporcionando las normas y estándares que deben cumplir para ser reconocidas en todos los Estados miembros.

La firma electrónica es una herramienta esencial en el mundo digital, permitiendo transacciones electrónicas seguras, eficientes y legalmente válidas, tanto para individuos como para organizaciones. Su uso ha ganado relevancia en diversas áreas, incluyendo negocios, finanzas, y administración pública, facilitando operaciones que tradicionalmente requerían de una firma manuscrita y presencia física.

1.1. Aspectos básicos de la firma electrónica según la ley 6/2020

La Ley 6/2020, de 11 de noviembre, regula aspectos clave de los servicios electrónicos de confianza en España, enfocándose en la firma electrónica y complementando el Reglamento (UE) 910/2014 (eIDAS). Esta ley representa un esfuerzo para adaptar el ordenamiento jurídico español al marco regulatorio de la Unión Europea, proporcionando seguridad jurídica en la prestación de servicios electrónicos de confianza.

Aspectos destacados de la Ley 6/2020 en relación con la firma electrónica incluyen:

- ⇨ Certificados Electrónicos: La ley establece disposiciones para la expedición y contenido de los certificados cualificados. Estos certificados tienen un tiempo máximo de vigencia de cinco años y deben incluir identificadores personales, como el DNI o NIF, garantizando así la identificación unívoca y permanente del titular.

- ⇨ Firma Electrónica para Personas Físicas: La ley dispone que únicamente las personas físicas están capacitadas para firmar electrónicamente, eliminando la emisión de certificados de firma electrónica a favor de personas jurídicas o entidades sin personalidad jurídica.
- ⇨ Sellos Electrónicos para Personas Jurídicas: A las personas jurídicas se les reservan los sellos electrónicos, que garantizan la autenticidad e integridad de documentos como facturas electrónicas.
- ⇨ Obligaciones y Responsabilidad de Prestadores de Servicios: Se establece un régimen de obligaciones y responsabilidades para los prestadores de servicios electrónicos de confianza, incluyendo la constitución de una garantía económica.
- ⇨ Fuerza Probatoria de Documentos Electrónicos Privados: La ley introduce una modificación relacionada con la fuerza probatoria de los documentos electrónicos privados, estableciendo una presunción de validez para aquellos que emplean servicios de confianza cualificados.
- ⇨ Interoperabilidad y Seguridad: La ley se alinea con el Esquema Nacional de Interoperabilidad y el Esquema Nacional de Seguridad, estableciendo las normas técnicas y de seguridad para la firma electrónica y los certificados.

La Ley 6/2020 representa un avance significativo en la regulación de la firma electrónica en España, alineándose con las directrices de la Unión Europea y mejorando la seguridad y eficiencia en las transacciones electrónicas.

1.2. Proceso de firma reconocida

El proceso de firma electrónica cualificada o reconocida en España es un método seguro y legalmente válido para firmar documentos digitales. Este tipo de firma utiliza certificados digitales emitidos por Autoridades de Certificación cualificadas y garantiza la identificación inequívoca del firmante. Para obtener una firma electrónica cualificada, el firmante debe someterse a un proceso de verificación de identidad ante la Autoridad de Certificación, que luego emite el certificado digital necesario para la firma.

Este certificado es único y personal, asegurando que solo el titular puede utilizarlo para firmar electrónicamente documentos. La firma electrónica cualificada es ampliamente utilizada en diversos contextos, incluyendo contratos comerciales, trámites legales y documentos oficiales, ofreciendo una serie de ventajas como alta seguridad, validez legal sólida e integridad del contenido del documento. Para más detalles, puedes visitar la página de Efirma.

1.3. Utilidad de la firma electrónica

La firma electrónica tiene una amplia gama de utilidades que facilitan y aseguran las transacciones y comunicaciones en el entorno digital. Sus aplicaciones más significativas incluyen:

- Autenticación de Documentos: Garantiza que un documento ha sido firmado por la persona específica, proporcionando autenticidad y legalidad.
- Seguridad en Transacciones: Asegura que los documentos electrónicos no han sido alterados después de ser firmados, aumentando la confianza en las transacciones en línea.
- Eficiencia en Procesos Administrativos: Agiliza procedimientos burocráticos, tanto en el sector privado como en el público, al permitir la firma de documentos sin necesidad de presencia física.
- Ahorro de Tiempo y Recursos: Reduce la necesidad de imprimir y manejar documentos físicos, lo que conlleva un ahorro significativo en tiempo y recursos.
- Legalidad en Contratos Electrónicos: Proporciona un marco legal sólido para la firma de contratos electrónicos, haciéndolos tan válidos como los firmados en papel.
- Facilita el Comercio Electrónico: Esencial para el funcionamiento eficiente y seguro del comercio electrónico y otras formas de negocios digitales.

La firma electrónica, por lo tanto, es una herramienta clave en la era digital, mejorando la eficiencia, seguridad y legalidad de una amplia variedad de procesos y transacciones en línea.

1.4. El documento electrónico

Un documento electrónico es un archivo en formato digital que contiene información o datos. Puede ser creado, almacenado, enviado y recibido electrónicamente. Este tipo de documento se ha vuelto esencial en la era digital, ya que ofrece varias ventajas sobre los documentos físicos, como la facilidad de distribución, la capacidad de ser fácilmente editado o actualizado, y la posibilidad de ser firmado digitalmente mediante firmas electrónicas. Los documentos electrónicos se utilizan ampliamente en una variedad de contextos, incluyendo comunicaciones empresariales, transacciones legales, registros gubernamentales, y en la educación y la investigación.

2. Elementos de la firma electrónica

La firma electrónica, un elemento crucial en el mundo digital, se basa en tecnologías complejas que garantizan su seguridad y eficacia. Entre sus componentes fundamentales se encuentran:

- Sistemas Criptográficos Asimétricos: Estos sistemas utilizan un par de claves, una pública y otra privada, para crear y verificar firmas. Son esenciales para garantizar que solo el titular de la firma pueda generarla y que cualquier persona pueda verificarla.
- Funciones Hash: Son algoritmos que transforman los documentos en un conjunto de caracteres de longitud fija, único para cada documento. Esto permite verificar la integridad del documento firmado.
- Sellos Temporales: Proporcionan una prueba de que una firma electrónica se realizó en un momento específico, lo cual es vital para contextos donde el tiempo es un factor crítico.
- Confidencialidad de los Mensajes: Se refiere a la protección de la información contenida en los mensajes electrónicos para que solo puedan ser leídos por las partes autorizadas.

Cada uno de estos elementos juega un papel vital en la efectividad y confiabilidad de la firma electrónica, permitiendo transacciones seguras y autenticadas en el ámbito digital.

2.1. Sistemas criptográficos asimétricos o de clave pública

Los sistemas criptográficos asimétricos o de clave pública son esenciales para la firma electrónica debido a su capacidad para asegurar la autenticidad e integridad de los documentos electrónicos. Estos sistemas funcionan con dos claves diferentes pero matemáticamente relacionadas: una clave pública, que se comparte abiertamente, y una clave privada, que se mantiene en secreto por el usuario. Al firmar un documento, se utiliza la clave privada para generar una firma única. Luego, cualquier persona puede usar la clave pública correspondiente para verificar que la firma es auténtica y que el documento no ha sido modificado después de ser firmado. Este mecanismo no solo valida la autoría del documento, sino que también asegura que el contenido del documento firmado permanezca inalterado, aumentando así la confiabilidad de las transacciones electrónicas.

2.2. Las funciones hash

Las funciones hash en criptografía son algoritmos que toman un archivo de entrada (como un documento) y producen una cadena alfanumérica de longitud fija, conocida como "valor hash". Este valor es único para cada entrada; incluso un pequeño cambio en el documento original generará un valor hash completamente diferente. En el contexto de la firma electrónica, las funciones hash son críticas para garantizar la integridad de los datos. Se utiliza un valor hash del documento original en el proceso de firma, asegurando que cualquier alteración posterior del documento pueda ser detectada. Así, las funciones hash actúan como un mecanismo eficaz para mantener y verificar la integridad de los documentos electrónicos.

2.3. Los sellos temporales

Los sellos temporales son un mecanismo en criptografía y seguridad digital utilizado para proporcionar una prueba verificable de la fecha y hora exactas en las que se realizó una determinada acción, como firmar un documento electrónicamente. Actúan como un registro de tiempo que certifica cuándo se firmó un documento, lo que es crucial para validar la autenticidad y la integridad de la firma electrónica en el tiempo. Los sellos temporales son importantes especialmente en contextos legales y financieros, donde la fecha y hora exactas de una firma pueden ser críticas.

2.4. La confidencialidad de los mensajes

La confidencialidad de los mensajes es un aspecto crucial en la comunicación y las transacciones electrónicas. Se refiere a la protección de la información contenida en los mensajes para asegurar que solo las personas autorizadas puedan acceder y leerla. Esto se logra típicamente mediante el uso de técnicas criptográficas, como el cifrado, que transforma los datos en un formato ilegible para cualquiera que no tenga la clave de descifrado correspondiente. La confidencialidad es vital para proteger la privacidad, los secretos comerciales, y la información sensible en general, especialmente en comunicaciones digitales donde el riesgo de interceptación y acceso no autorizado es significativo.

Los elementos criptográficos, funciones hash y sellos temporales se usan en varios contextos:

- ⇨ Comercio Electrónico: En transacciones online, para asegurar la autenticidad de los datos transmitidos y la integridad del pago electrónico.
- ⇨ Banca en Línea: Para proteger la confidencialidad de las transacciones y validar la identidad de los usuarios.
- ⇨ Firmas Electrónicas en Contratos: Utilizados para asegurar que un contrato no ha sido alterado después de ser firmado.
- ⇨ Correo Electrónico Seguro: Para verificar la autenticidad del remitente y garantizar que el mensaje no ha sido modificado en tránsito.
- ⇨ Estos elementos son esenciales para garantizar la seguridad y confianza en las transacciones y comunicaciones digitales.

3. Tipos de firmas

En el ámbito de la firma electrónica, existen distintos tipos que varían en términos de seguridad, validez legal y complejidad tecnológica. Estos tipos incluyen la firma electrónica simple, la firma electrónica avanzada y la firma electrónica reconocida o cualificada. Cada una de estas categorías cumple con diferentes requisitos y se utiliza en distintos contextos, desde transacciones cotidianas hasta acuerdos legales y comerciales de alta importancia.

A continuación, exploraremos las características y diferencias clave entre estos tres tipos de firma electrónica.

3.1. Firma electrónica simple

La firma electrónica simple es el nivel más básico de firma electrónica. No requiere de herramientas de verificación de identidad específicas y no está vinculada de manera única al firmante. Este tipo de firma puede ser una reproducción digital de una firma manuscrita o cualquier marca que el firmante elija para dar su consentimiento.

Aunque la firma electrónica simple es conveniente y fácil de usar, ofrece un nivel de seguridad más bajo que otros tipos de firmas electrónicas y su validez legal puede ser limitada en ciertos contextos, especialmente en situaciones donde se requiere una autenticación más fuerte del firmante.

La firma electrónica simple se caracteriza por su facilidad de uso y accesibilidad. No requiere de herramientas tecnológicas avanzadas para su creación o verificación, lo que la hace conveniente para una variedad de aplicaciones básicas.

Sin embargo, en términos de seguridad, ofrece un nivel más bajo en comparación con otros tipos de firmas electrónicas, ya que no implica procesos de verificación de identidad avanzados ni está vinculada de manera única e inequívoca al firmante.

En cuanto a su validez legal, puede ser limitada para ciertos usos, especialmente en situaciones que requieren una mayor seguridad y autenticación del firmante. La firma electrónica simple es adecuada para transacciones que no implican riesgos significativos o en contextos donde la identidad del firmante y la integridad del documento no son críticas.

3.2. Firma electrónica avanzada

La firma electrónica avanzada proporciona un nivel de seguridad más alto que la firma electrónica simple. Está vinculada de manera única al firmante y permite su identificación. Esta firma se crea utilizando medios que el firmante controla y está asociada con los datos firmados de tal manera que cualquier cambio posterior en los datos es detectable. Debido a estas características, la firma electrónica avanzada es más confiable para transacciones que requieren una verificación de identidad más sólida y una garantía de integridad del documento.

La firma electrónica avanzada ofrece un equilibrio entre facilidad de uso y seguridad. Aunque puede requerir herramientas más sofisticadas que una firma electrónica simple, sigue siendo accesible y manejable para la mayoría de los usuarios. En términos de seguridad, ofrece un nivel significativamente más alto al estar vinculada de manera única al firmante, permitiendo su identificación y asegurando que los datos firmados no han sido modificados. Legalmente, la firma electrónica avanzada tiene una mayor validez en comparación con la firma simple, siendo adecuada para una amplia gama de transacciones y documentos electrónicos donde se requiere una mayor seguridad y autenticidad.

3.3. Firma electrónica reconocida o cualificada

La firma electrónica reconocida o cualificada es el tipo de firma electrónica más seguro y con la mayor validez legal. Está basada en certificados digitales cualificados emitidos por entidades de certificación acreditadas. Esta firma vincula inequívocamente al firmante con el documento y garantiza la integridad del contenido firmado. Dado su alto nivel de seguridad y autenticidad, es ampliamente aceptada en transacciones legales y comerciales importantes, y en muchos países tiene la misma validez legal que una firma manuscrita. Su proceso de creación y validación es más riguroso, lo que proporciona una mayor confianza y cumplimiento normativo en el entorno digital.

La firma electrónica reconocida o cualificada es la más segura y legalmente robusta de las firmas electrónicas. Su proceso de creación implica procedimientos de verificación de identidad rigurosos y el uso de certificados digitales emitidos por entidades certificadoras acreditadas. Aunque su uso puede ser menos intuitivo que las firmas electrónicas menos seguras, debido a la necesidad de obtener y gestionar certificados digitales cualificados, su nivel de seguridad es el más alto, garantizando la autenticidad e integridad del firmante y el documento. Legalmente, tiene un reconocimiento equivalente a una firma manuscrita tradicional, lo que la hace ampliamente aceptada y preferida en transacciones legales y comerciales de alta importancia.

4. Dispositivos externos de firma electrónica

La firma electrónica a menudo implica el uso de dispositivos externos o software especializado que facilita la creación y verificación de firmas digitales. Estos dispositivos o aplicaciones pueden variar desde simples programas de software hasta dispositivos de hardware dedicados. Por ejemplo, el software como eCoFirma permite a los usuarios firmar documentos electrónicamente utilizando certificados digitales. Por otro lado, el certificado electrónico, que puede almacenarse en dispositivos físicos como tarjetas inteligentes o tokens USB, es esencial para verificar la identidad del firmante y garantizar la seguridad de la firma. Estos elementos juegan un papel crucial en la efectividad y la seguridad del proceso de firma electrónica.

4.1. Ejemplo software: eCoFirma

eCoFirma es una aplicación de escritorio desarrollada para facilitar la firma y validación electrónica de documentos en formato XAdES. Aunque esta aplicación se encuentra disponible para su descarga, cabe destacar que no se ofrece soporte informático para la misma. Para realizar tareas de firma electrónica, actualmente se recomienda utilizar AutoFirma, una aplicación más actualizada y con soporte continuo. eCoFirma representa una de las varias herramientas disponibles que facilitan la implementación de la firma electrónica en diversos procesos y transacciones digitales. Para más información, puedes visitar la página de eCoFirma en el Ministerio de Industria y Turismo de España.

AutoFirma es una aplicación avanzada que permite realizar la firma electrónica de documentos de manera sencilla y eficiente. Esta herramienta está diseñada para ser compatible con varios formatos de documentos y certificados digitales. Su principal función es facilitar a los usuarios la firma y validación de documentos electrónicos, contribuyendo a agilizar procesos administrativos y de negocio que requieren de firmas digitales. AutoFirma es ampliamente utilizada por su compatibilidad y facilidad de uso, convirtiéndola en una opción popular para la firma electrónica en diversos ámbitos.

4.2. El certificado electrónico

El certificado electrónico es un documento digital que vincula una clave pública a una persona o entidad, proporcionando una manera de probar su identidad en el ámbito digital. Es emitido por una entidad de certificación acreditada y se utiliza en diversas aplicaciones de seguridad digital, incluyendo la firma electrónica, el cifrado de correo electrónico y la autenticación en servicios en línea. Este certificado es fundamental para garantizar la seguridad y la autenticidad en transacciones y comunicaciones digitales, permitiendo la verificación de la identidad y la integridad de los documentos electrónicos firmados.

RESUMEN

- La firma electrónica es el equivalente digital de una firma manuscrita, utilizada para autenticar la identidad del firmante y garantizar la integridad de los documentos digitales. En la Unión Europea, el Reglamento eIDAS establece el marco legal para las firmas electrónicas.
- La Ley 6/2020 en España regula aspectos clave de los servicios electrónicos de confianza, como los certificados electrónicos, la firma electrónica para personas físicas, sellos electrónicos para personas jurídicas y responsabilidades de prestadores de servicios.
- La firma electrónica tiene múltiples utilidades, incluyendo autenticación de documentos, seguridad en transacciones, eficiencia en procesos administrativos y legalidad en contratos electrónicos.
- Elementos de la firma electrónica incluyen sistemas criptográficos asimétricos, funciones hash, sellos temporales y confidencialidad de mensajes.
- Existen tres tipos de firmas electrónicas: simple, avanzada y reconocida/cualificada, cada una con diferentes niveles de seguridad y validez legal.
- Dispositivos externos de firma electrónica incluyen software como eCoFirma y AutoFirma, así como certificados electrónicos emitidos por entidades de certificación acreditadas. Estos elementos son esenciales para garantizar la autenticidad y seguridad en la firma electrónica.

ICB
EDITORES

UNIDAD

2.3. Implantación de la Firma Electrónica

Contenido de la Unidad

- Requisitos básicos
- Costes y plazos
- Procesos
- Resumen

ICB
EDITORES

1. Requisitos básicos

La firma electrónica constituye una herramienta indispensable en el mundo digital actual, facilitando la realización de transacciones y la firma de documentos de manera segura y eficiente. Al abordar la implantación de la firma electrónica, es crucial comprender los requisitos básicos que garantizan su validez y eficacia.

En este contexto, los formatos de firma desempeñan un papel fundamental, ya que definen la estructura y los estándares que se deben seguir para asegurar la autenticidad, integridad y no repudio de los documentos electrónicos.

Los requisitos básicos para la implantación efectiva de la firma electrónica incluyen aspectos técnicos, legales y de procedimiento que aseguran la funcionalidad, seguridad y reconocimiento legal de las firmas electrónicas.

- Seguridad y autenticación

Una parte esencial de los requisitos básicos es la seguridad y la autenticación del firmante. Esto implica el uso de tecnologías de criptografía, como claves públicas y privadas, para crear una firma única e irrefutable. La clave privada, que se mantiene en secreto por el firmante, se utiliza para generar la firma. La clave pública, por otro lado, es accesible a todos y se utiliza para verificar la firma. Este sistema asegura que la firma sea tanto auténtica (realmente creada por el firmante declarado) como no repudiable (el firmante no puede negar la validez de su firma).

- Integridad de los datos

Otro requisito básico es la integridad de los datos firmados. Esto significa que cualquier cambio en el documento después de haber sido firmado debe ser detectable. Los formatos de firma avanzados, como los mencionados anteriormente, incluyen mecanismos para sellar los datos, de manera que cualquier alteración del documento pueda ser fácilmente identificada, garantizando así que el documento que se está viendo es exactamente el mismo que fue firmado originalmente.

- Reconocimiento legal

Es fundamental que las firmas electrónicas tengan reconocimiento legal en la jurisdicción en la que se utilizan. Esto implica que las firmas electrónicas deben ser creadas utilizando tecnologías y procedimientos que cumplan con las leyes y regulaciones locales o internacionales relevantes, como el Reglamento eIDAS en la Unión Europea. El reconocimiento legal asegura que los documentos firmados electrónicamente sean admitidos en procedimientos judiciales de la misma manera que los documentos firmados manualmente.

- Accesibilidad y usabilidad

La accesibilidad y la usabilidad también son requisitos clave. Las soluciones de firma electrónica deben ser fácilmente accesibles para los usuarios y no requerir conocimientos técnicos especializados para su uso. Esto incluye la facilidad para obtener y renovar certificados digitales, así como la simplicidad en el proceso de firma de documentos.

Conclusión

En resumen, los requisitos básicos para la implantación de la firma electrónica abarcan no solo los aspectos técnicos de los formatos de firma, sino también la seguridad, la autenticidad, la integridad de los datos, el reconocimiento legal y la usabilidad. Estos fundamentos aseguran que la firma electrónica sea una herramienta confiable y eficaz para la autenticación de documentos en el entorno digital. En la próxima sección, exploraremos los costes y plazos asociados con la adopción de firmas electrónicas, proporcionando una visión integral para las organizaciones que buscan implementar esta tecnología.

1.1. Formatos de firma

En el contexto de la implantación de la firma electrónica, es crucial comprender en profundidad los distintos formatos de firma disponibles, ya que estos constituyen la base sobre la cual se construye la seguridad y la validez legal de los documentos electrónicos firmados. Cada formato tiene características y aplicaciones específicas, diseñadas para satisfacer diversas necesidades y requisitos de seguridad.

1.1.1. Formatos de firma electrónica

Los formatos de firma electrónica se pueden clasificar en varias categorías, dependiendo de su nivel de complejidad, seguridad y el entorno legal en el que son reconocidos. Algunos de los formatos más comunes incluyen:

1. Firma Electrónica Simple

Descripción: Este es el nivel más básico de firma electrónica. Puede consistir simplemente en una imagen de la firma manuscrita del individuo añadida a un documento, o en un nombre tipeado al final de un correo electrónico. Aunque es de fácil implementación, su nivel de seguridad es bajo, ya que no proporciona medios robustos para verificar la identidad del firmante ni para asegurar la integridad del documento después de firmado.

Aplicaciones: Adecuado para documentos internos o de baja importancia donde el riesgo asociado con la suplantación de identidad o la alteración del contenido es mínimo.

2. Firma Electrónica Avanzada (FEA)

Descripción: Proporciona una mayor seguridad que la firma electrónica simple. La FEA está vinculada únicamente al firmante, creada de manera que el firmante puede mantener bajo su control los datos de firma, y está vinculada al documento de tal manera que cualquier cambio posterior en el documento es detectable.

Aplicaciones: Utilizada en transacciones que requieren un alto nivel de seguridad y autenticidad, como contratos legales, acuerdos financieros y documentos oficiales.

3. Firma Electrónica Cualificada (FEC)

Descripción: Es el tipo de firma electrónica con el mayor nivel de seguridad y el único que tiene el mismo valor legal que una firma manuscrita en muchos sistemas jurídicos. Requiere el uso de un dispositivo seguro de creación de firma (como un token USB o una smart card) y debe ser emitida por un proveedor de servicios de confianza certificado.

Aplicaciones: Ideal para procesos que requieren la máxima seguridad y donde es crucial el reconocimiento legal de las firmas, como en el caso de documentos notariales, registros gubernamentales y procedimientos judiciales.

1.1.2. **Consideraciones para la elección del formato**

La elección del formato de firma electrónica adecuado depende de varios factores, incluyendo:

- ⇨ Requisitos legales: Es fundamental considerar las leyes y regulaciones aplicables en la jurisdicción donde se utilizará la firma electrónica.
- ⇨ Nivel de riesgo: Dependiendo de la naturaleza y la importancia del documento o transacción, el nivel de seguridad requerido puede variar.
- ⇨ Costo: Los costos asociados con la implementación y mantenimiento de soluciones de firma electrónica pueden variar significativamente entre los diferentes formatos.
- ⇨ Facilidad de uso: La solución elegida debe ser accesible y fácil de usar para los firmantes, sin requerir conocimientos técnicos especializados.

1.2. Formatos de firma avanzados

Los formatos de firma avanzados elevan la seguridad y la fiabilidad de las transacciones y documentos electrónicos a un nivel superior. Estos formatos están diseñados para cumplir con requisitos rigurosos, proporcionando características adicionales que garantizan la autenticidad del firmante y la integridad del documento a lo largo del tiempo. Su implementación es esencial en entornos donde la seguridad y el cumplimiento legal son críticos.

1.2.1. Características Clave de los Formatos de Firma Avanzados

♦ Autenticidad Mejorada

Los formatos de firma avanzados aseguran una vinculación única entre la firma y el firmante, utilizando tecnologías de criptografía avanzada. Esto incluye el uso de certificados digitales cualificados emitidos por Autoridades de Certificación reconocidas, que verifican la identidad del firmante.

♦ Integridad del Documento

Estos formatos garantizan que cualquier modificación del documento después de firmado sea detectable. Utilizan sellos de tiempo y algoritmos criptográficos para sellar el documento, asegurando que la integridad del documento se mantenga a lo largo del tiempo.

♦ No Repudio

La firma avanzada proporciona un fuerte mecanismo de no repudio, lo que significa que el firmante no puede negar la validez de su firma en el documento. Esto es crucial en transacciones legales y financieras donde la responsabilidad y la atribución son importantes.

♦ Validación a Largo Plazo

Los formatos avanzados permiten la validación de la firma incluso años después de su creación, incorporando o permitiendo el acceso a información sobre el estado de validez del certificado digital en el momento de la firma, como listas de certificados revocados y sellos de tiempo.

1.2.2. Ejemplos de Formatos de Firma Avanzados

1. PAdES (PDF Advanced Electronic Signatures)

Descripción: PAdES es un estándar diseñado específicamente para documentos PDF, extendiendo el formato PDF para soportar firmas electrónicas avanzadas. Este estándar es reconocido por el Reglamento eIDAS de la Unión Europea y es adecuado para asegurar la validez a largo plazo de los documentos firmados.

Características: Incluye la capacidad de incrustar en el documento la firma, la información de la certificación, y los sellos de tiempo, garantizando la integridad y autenticidad del documento a lo largo del tiempo.

2. XAdES (XML Advanced Electronic Signatures)

Descripción: XAdES es un estándar que extiende el XMLDSig (XML Signature Syntax and Processing) para admitir firmas electrónicas avanzadas en documentos XML. Este formato es adecuado para aplicaciones que requieren el procesamiento y almacenamiento estructurado de datos.

Características: Permite la inclusión de datos adicionales en la firma, como sellos de tiempo y referencias de validación, lo que facilita la verificación de la firma mucho tiempo después de su creación.

3. CAdES (CMS Advanced Electronic Signatures)

Descripción: CAdES es un estándar basado en el CMS (Cryptographic Message Syntax) y es adecuado para cualquier tipo de datos electrónicos. CAdES es ampliamente utilizado para firmas electrónicas que requieren una robusta estructura de validación a largo plazo.

Características: Soporta la inclusión de información de validación como sellos de tiempo y datos de revocación de certificados, lo que permite verificar la validez de la firma incluso después de la expiración o revocación del certificado del firmante.

4. ASiC (Associated Signature Containers)

Descripción: ASiC es un estándar que encapsula documentos firmados electrónicamente junto con sus firmas en un único archivo contenedor. Este formato es útil para agrupar múltiples documentos y sus firmas correspondientes, facilitando su gestión y archivado.

Características: Ofrece dos variantes, ASiC-S y ASiC-E, que se diferencian en la forma en que los documentos y las firmas son encapsulados y en el nivel de seguridad ofrecido.

♦ Consideraciones para la Implementación

Al elegir un formato de firma electrónica, las organizaciones deben considerar los siguientes aspectos:

⇨ Compatibilidad: El formato debe ser compatible con los sistemas y procesos existentes, tanto internamente como con las partes externas involucradas.

⇨ Requerimientos legales: Es fundamental asegurar que el formato elegido cumpla con las regulaciones y leyes aplicables en las jurisdicciones relevantes.

- ⇨ Seguridad y confiabilidad: El formato debe ofrecer un nivel adecuado de seguridad y confiabilidad, protegiendo contra alteraciones no autorizadas y garantizando la autenticidad del firmante.
- ⇨ Facilidad de uso y accesibilidad: La solución de firma electrónica debe ser fácil de usar para todos los usuarios, minimizando la necesidad de formación y soporte técnico.

2. Costes y plazos

La implementación de la firma electrónica en una organización implica considerar detenidamente los costes y plazos asociados. Estos factores dependen de varios aspectos, como el tipo de tecnología de firma electrónica elegida, la infraestructura necesaria para su implementación y mantenimiento, y los servicios adicionales requeridos para garantizar su funcionamiento óptimo y su conformidad con las regulaciones aplicables.

2.1. ECoFirma

ECoFirma es una solución de firma electrónica que permite a los usuarios firmar documentos digitalmente de manera segura y conforme a las normativas. Al evaluar los costes de implementación de ECoFirma, es esencial considerar:

- ⇨ Licencias de Software: Dependiendo de la solución específica de ECoFirma y el proveedor, puede haber costes asociados con la adquisición de licencias de software. Estos costes pueden variar significativamente y suelen estar basados en el número de usuarios o el volumen de transacciones.
- ⇨ Hardware Específico: Algunas implementaciones de ECoFirma pueden requerir hardware especializado, como tokens USB para almacenar claves privadas de manera segura o lectores de tarjetas inteligentes.
- ⇨ Formación y Soporte: La capacitación de los usuarios finales y el personal de IT es crucial para asegurar una implementación exitosa. Además, el soporte técnico continuo puede incurrir en costes adicionales.

- ⇨ Mantenimiento y Actualizaciones: Los costes de mantenimiento y actualizaciones periódicas del software y el hardware asociados deben ser contemplados para asegurar la funcionalidad continua y la seguridad del sistema de firma electrónica.

En cuanto a los plazos, la implementación de ECoFirma puede variar desde unas pocas semanas hasta varios meses, dependiendo de la complejidad de la infraestructura existente y el grado de personalización requerido.

2.2. Certificado de usuario e Instalación de certificado de raíz de la entidad de certificación

La adquisición e instalación de certificados digitales son pasos esenciales en el proceso de habilitación de la firma electrónica:

- ⇨ Costes de Certificados de Usuario: Los certificados digitales para usuarios individuales, emitidos por una Autoridad de Certificación (CA), pueden tener costes variados. Estos costes se basan en la validez del certificado, el nivel de verificación de identidad requerido y los servicios adicionales como la recuperación de claves o la revocación de certificados.
- ⇨ Instalación de Certificado de Raíz: Las entidades de certificación proporcionan certificados de raíz que deben ser instalados en la infraestructura de la organización para validar la cadena de confianza. Este proceso puede involucrar costes mínimos, pero es crucial para el funcionamiento del sistema de firma electrónica.

2.3. Soluciones de escritorio para firma simple de documentos para pymes

Para las pequeñas y medianas empresas (PYMES), existen soluciones de firma electrónica adaptadas a sus necesidades y presupuestos:

- ♦ Costes de Soluciones de Escritorio: Estas soluciones suelen ser más asequibles y están diseñadas para ser fáciles de implementar y usar. Los costes pueden incluir licencias de software de una sola vez o suscripciones basadas en el uso.

- Implementación y Mantenimiento: Los plazos de implementación para estas soluciones son generalmente cortos, y el mantenimiento es relativamente simple, a menudo gestionado a través de actualizaciones automáticas del software.

Al considerar la adopción de soluciones de firma electrónica, es esencial realizar un análisis detallado de los costes iniciales y recurrentes, así como de los plazos de implementación, para asegurar una transición fluida y eficiente hacia procesos digitales seguros y conformes.

3. Procesos

La implementación de la firma electrónica dentro de los procesos organizacionales, especialmente en entidades financieras como el Banco de España, requiere un enfoque detallado y estructurado. Esta implementación implica varios pasos críticos para asegurar la integración exitosa de la firma electrónica en los sistemas existentes, garantizando al mismo tiempo la seguridad, la conformidad legal y la eficiencia operativa.

La adopción de la firma electrónica en instituciones como el Banco de España implica la revisión y adaptación de los procesos internos para incorporar esta tecnología. Este proceso se puede dividir en varias fases clave:

- Análisis y Planificación
    - Evaluación de Requerimientos: Identificar las necesidades específicas de la entidad en términos de firma electrónica, incluyendo los tipos de documentos que se firmarán electrónicamente y los requisitos legales aplicables.
    - Análisis de Riesgos: Evaluar los riesgos asociados con la implementación de la firma electrónica, incluyendo la seguridad de la información y el cumplimiento normativo.
- Desarrollo de Políticas y Procedimientos
    - Políticas de Firma Electrónica: Establecer políticas claras para el uso de firmas electrónicas, incluyendo tipos de firmas aceptadas, procedimientos de verificación y gestión de certificados digitales.

- ⇨ Procedimientos Operativos: Desarrollar procedimientos detallados para la creación, verificación y almacenamiento de firmas electrónicas, asegurando la integridad y confidencialidad de los documentos firmados.

- ♦ Implementación Técnica

  - ⇨ Integración de Sistemas: Integrar soluciones de firma electrónica con los sistemas informáticos existentes, como sistemas de gestión documental y plataformas de tramitación electrónica.

  - ⇨ Formación y Capacitación: Proporcionar formación a los empleados y usuarios sobre el uso de la firma electrónica, incluyendo la creación de firmas, la verificación de firmas y la gestión de certificados.

- ♦ Pruebas y Validación

  - ⇨ Pruebas de Integración: Realizar pruebas exhaustivas para asegurar que la solución de firma electrónica funciona correctamente dentro del entorno tecnológico existente.

  - ⇨ Validación de Cumplimiento: Verificar que la implementación de la firma electrónica cumpla con todos los requisitos legales y normativos aplicables, incluyendo aquellos específicos del sector financiero.

- ♦ Despliegue y Monitoreo

  - ⇨ Implementación Gradual: Desplegar la solución de firma electrónica de manera gradual, comenzando con áreas piloto, para minimizar los riesgos y facilitar la adaptación de los usuarios.

  - ⇨ Monitoreo Continuo: Establecer mecanismos de monitoreo y revisión continua para asegurar el funcionamiento adecuado de la firma electrónica y adaptarse a los cambios en los requisitos legales y tecnológicos.

3.1. Banco de España

En el caso específico del Banco de España, la adopción de procesos de firma electrónica se alinea con su papel regulador y su compromiso con la innovación y la seguridad en el sector financiero.

La implementación de la firma electrónica en el Banco de España no solo mejora la eficiencia de sus procesos internos, sino que también establece un modelo para otras instituciones financieras en términos de adopción de tecnologías digitales seguras y conformes.

Al seguir estos pasos y consideraciones, el Banco de España y similares pueden asegurar una transición exitosa hacia la adopción de la firma electrónica, mejorando la seguridad, la eficiencia y la conformidad de sus procesos operativos y transaccionales.

RESUMEN

- La implementación de la firma electrónica es esencial en el entorno digital actual, ya que facilita transacciones seguras y eficientes. Para su implantación efectiva, se deben considerar requisitos técnicos, legales y de procedimiento, enfocándose en la seguridad y autenticación del firmante mediante tecnologías de criptografía, la integridad de los datos para detectar cambios post-firma, y el reconocimiento legal acorde a las regulaciones pertinentes. Además, la accesibilidad y usabilidad son cruciales para una adopción generalizada.

- Los formatos de firma electrónica varían en seguridad y aplicación, desde firmas electrónicas simples hasta firmas electrónicas cualificadas, que ofrecen la máxima seguridad y valor legal. La elección del formato adecuado depende de factores como requisitos legales, nivel de riesgo, costos y facilidad de uso.

- Los costos y plazos de implementación varían según la tecnología y la infraestructura necesarias. ECoFirma es un ejemplo de solución de firma electrónica cuyos costos incluyen licencias de software, hardware específico, formación y soporte, y mantenimiento. La adquisición e instalación de certificados digitales también incurren en costos.

- Para entidades como el Banco de España, la adopción de la firma electrónica requiere un análisis detallado, el desarrollo de políticas y procedimientos, la integración técnica, pruebas y validación, y un despliegue y monitoreo cuidadosos. Este proceso asegura la integración exitosa de la firma electrónica, mejorando la seguridad, eficiencia y conformidad de los procesos internos y transaccionales.

UNIDAD

2.4. Certificado Electrónico

Contenido de la Unidad

- El certificado electrónico
- Entidades emisoras de certificados
- Tipos de certificado electrónico
- Clases de certificados electrónicos
- Procedimiento de obtención de un certificado electrónico de persona física
- La confidencialidad del certificado electrónico
- Extinción de la vigencia de los certificados electrónico
- Certificados reconocidos
- Resumen

ICB
EDITORES

1. El certificado electrónico

El certificado electrónico es una herramienta tecnológica fundamental en el ámbito de la seguridad digital, actuando como un pasaporte electrónico que permite a individuos, empresas y entidades gubernamentales interactuar de manera segura en el entorno digital.

Esta tecnología se basa en la criptografía de clave pública, un método que utiliza un par de claves matemáticamente relacionadas -una pública y otra privada- para cifrar y descifrar información, asegurando así la autenticidad, integridad y confidencialidad de las comunicaciones y transacciones electrónicas.

El certificado electrónico es un componente esencial en el ámbito de la seguridad digital, cuya función principal es facilitar la identificación segura de personas, empresas o dispositivos en el entorno digital. Actúa como una credencial digital que vincula datos de identificación con una pareja de claves criptográficas, una pública y otra privada, a través de la firma de una Autoridad de Certificación (CA) de confianza. Este mecanismo no solo asegura la autenticidad e integridad de las transacciones electrónicas, sino que también garantiza la confidencialidad y el no repudio en las comunicaciones digitales.

♦ Funciones Principales del Certificado Electrónico

⇨ Autenticación

El certificado electrónico permite a los usuarios autenticarse ante otros sistemas o usuarios en la red, demostrando su identidad de manera digital. Esto es crucial para acceder a servicios en línea que requieren una identificación segura, como la banca electrónica, servicios gubernamentales y plataformas corporativas.

⇨ Firma Digital

Una de las aplicaciones más importantes del certificado electrónico es la firma digital de documentos. Al firmar un documento digitalmente, el firmante garantiza no solo su identidad sino también la integridad del documento, ya que cualquier modificación posterior a la firma será detectable.

⇨ Cifrado

La clave pública contenida en el certificado electrónico puede ser utilizada por cualquier persona para cifrar información que únicamente puede ser descifrada por el poseedor de la clave privada correspondiente. Esto asegura la confidencialidad de la información enviada electrónicamente, como correos electrónicos y documentos.

♦ Tipos de Certificados Electrónicos

Existen diversos tipos de certificados electrónicos diseñados para satisfacer diferentes necesidades y niveles de seguridad, incluyendo:

⇨ Certificados de Persona Física: Vinculan la identidad digital del certificado con una persona individual, permitiendo la firma electrónica de documentos y la autenticación segura en servicios en línea.

⇨ Certificados de Empresa o Entidad: Asocian la identidad digital a una empresa o entidad, facilitando la realización de transacciones y comunicaciones electrónicas en nombre de la organización.

⇨ Certificados de Sitio Web: Utilizados principalmente para establecer conexiones seguras a través de HTTPS, asegurando la autenticidad del sitio web y cifrando la comunicación entre el usuario y el sitio.

♦ Emisión y Gestión de Certificados Electrónicos

Las entidades encargadas de emitir y gestionar certificados electrónicos son los Prestadores de Servicios de Certificación, que deben operar bajo estrictas normativas para garantizar la confiabilidad y seguridad de los certificados emitidos. Estos prestadores realizan verificaciones rigurosas de la identidad de los solicitantes antes de emitir un certificado, asegurando así la fiabilidad de la vinculación entre la identidad del titular y su par de claves criptográficas.

♦ Importancia del Certificado Electrónico

En la era digital, el certificado electrónico se ha convertido en una herramienta indispensable para garantizar transacciones electrónicas seguras y fiables, proporcionando una base sólida para la confianza digital.

Su aplicación abarca desde la firma electrónica de documentos y el cifrado de comunicaciones hasta la autenticación segura en una amplia gama de servicios en línea, haciendo posible la realización de numerosas actividades cotidianas de manera digital y segura.

1.1. Qué es la clave pública y la clave privada

En el corazón de la tecnología de certificados electrónicos se encuentra el concepto de criptografía de clave pública, también conocida como criptografía asimétrica. Este método se basa en el uso de dos claves matemáticamente relacionadas, conocidas como la clave pública y la clave privada, que juntas facilitan funciones criptográficas como el cifrado, la descifrado y la firma digital de una manera segura y confiable.

- **Clave Pública**
  - ⇨ Definición: La clave pública es una clave criptográfica que puede ser compartida libremente con cualquier persona. No es secreta y se utiliza para cifrar información o verificar una firma digital.
  - ⇨ Función: Cualquier persona con acceso a la clave pública de alguien puede cifrar un mensaje que solo el propietario de la clave privada correspondiente puede descifrar. En el contexto de las firmas digitales, la clave pública se utiliza para verificar que una firma digital haya sido creada por la clave privada asociada, asegurando así la autenticidad de la firma.
- **Clave Privada**
  - ⇨ Definición: La clave privada se mantiene en secreto y es conocida únicamente por el propietario. Esta clave se utiliza para descifrar información que ha sido cifrada con la clave pública correspondiente o para crear una firma digital.
  - ⇨ Función: La clave privada permite al propietario descifrar mensajes cifrados dirigidos a ellos o firmar digitalmente documentos, asegurando la confidencialidad y la integridad de la información, así como la autenticación del firmante.

♦ Relación entre Clave Pública y Clave Privada

La relación entre la clave pública y la clave privada es lo que permite la seguridad en la criptografía asimétrica. Aunque las claves están matemáticamente relacionadas, no es prácticamente factible deducir la clave privada a partir de la clave pública. Esta relación asegura que:

- ⇨ Confidencialidad: Solo el destinatario correcto, que posee la clave privada, puede descifrar el mensaje cifrado con su clave pública.
- ⇨ Integridad y Autenticidad: La firma digital creada con una clave privada puede ser verificada por cualquier persona que tenga acceso a la clave pública del firmante, asegurando que el mensaje no ha sido alterado y confirmando la identidad del firmante.

1.2. Importancia en los Certificados Electrónicos

En el contexto de los certificados electrónicos, la clave pública del titular se incluye dentro del certificado, mientras que la clave privada se mantiene en secreto y protegida. La Autoridad de Certificación (CA) que emite el certificado garantiza la vinculación entre la clave pública y la identidad del titular.

Esta estructura permite una amplia gama de usos seguros, desde la firma electrónica de documentos hasta el cifrado de comunicaciones electrónicas, asegurando la autenticidad, la integridad y la confidencialidad de las transacciones digitales.

2. Entidades emisoras de certificados

Las entidades emisoras de certificados, comúnmente conocidas como Autoridades de Certificación (CA, por sus siglas en inglés "Certificate Authorities"), son pilares fundamentales en el ecosistema de la seguridad digital.

Su rol principal es emitir certificados electrónicos, que son documentos digitales utilizados para verificar la identidad de los titulares de certificados y para gestionar claves públicas y privadas en la criptografía de clave pública.

- **Funciones Principales**

  - ⇨ Verificación de Identidad: Antes de emitir un certificado electrónico, la CA realiza un proceso de verificación para confirmar la identidad del solicitante. Este proceso asegura que la información contenida en el certificado sea precisa y confiable.
  - ⇨ Emisión de Certificados: Una vez verificada la identidad, la CA emite un certificado electrónico que vincula la clave pública del solicitante con su identidad, garantizando que cualquier persona o entidad que interactúe con el titular del certificado pueda confiar en su autenticidad.
  - ⇨ Gestión de Revocaciones: Las CAs también mantienen listas de certificados revocados, conocidas como CRLs (Listas de Revocación de Certificados), o utilizan el protocolo OCSP (Online Certificate Status Protocol) para proporcionar información en tiempo real sobre la validez de los certificados.

- **Importancia de las Autoridades de Certificación**

Las CAs son esenciales para la confianza en el entorno digital, ya que garantizan que los individuos, las empresas y los dispositivos son realmente quienes dicen ser. Esto es crucial para una variedad de aplicaciones en línea, desde transacciones financieras seguras hasta la firma electrónica de documentos legales.

- **Tipos de Autoridades de Certificación**

  - ⇨ CAs Comerciales: Son entidades privadas que ofrecen servicios de certificación electrónica a empresas y particulares, a menudo proporcionando una amplia gama de soluciones de seguridad digital.
  - ⇨ CAs Gubernamentales: Algunos gobiernos operan sus propias CAs para emitir certificados para uso en servicios gubernamentales, como la presentación de impuestos en línea y otros trámites administrativos.
  - ⇨ CAs Corporativas: Las grandes organizaciones a menudo operan sus propias CAs internas para gestionar la autenticación y la seguridad dentro de sus redes corporativas.

2.1. Concepto de prestador de servicios de certificación

Un prestador de servicios de certificación, o proveedor de servicios de certificación, es una entidad que, además de emitir certificados electrónicos, puede ofrecer una gama de servicios relacionados con la seguridad digital, incluyendo:

- ⇨ Generación de Claves: Algunos prestadores ofrecen servicios para generar el par de claves (pública y privada) que se utilizará con el certificado electrónico.
- ⇨ Almacenamiento Seguro: Proporcionan soluciones para el almacenamiento seguro de claves privadas, como módulos de seguridad hardware (HSM) o servicios de almacenamiento en la nube cifrados.
- ⇨ Servicios de Validación: Ofrecen servicios para validar la firma digital y la autenticidad de los certificados en tiempo real, utilizando protocolos como OCSP.
- ⇨ Consultoría y Formación: Asesoran a las organizaciones sobre la mejor manera de implementar y utilizar certificados electrónicos y la infraestructura de clave pública (PKI) para sus necesidades específicas.

En conclusión, las entidades emisoras de certificados y los prestadores de servicios de certificación juegan un papel crucial en la infraestructura de la seguridad digital, facilitando transacciones seguras y confiables en el vasto entorno digital de hoy en día.

2.2. Prestadores de servicios de certificación de España

En España, los prestadores de servicios de certificación juegan un papel vital en el ecosistema digital, proporcionando la infraestructura necesaria para la emisión y gestión de certificados electrónicos.

Estas entidades están autorizadas y reguladas para garantizar la seguridad y la confianza en las transacciones electrónicas, cumpliendo con las normativas nacionales y europeas, como el Reglamento eIDAS.

Entidades Destacadas

- Fábrica Nacional de Moneda y Timbre (FNMT): La FNMT es una de las entidades más reconocidas en España por emitir certificados electrónicos para ciudadanos, empresas y entidades públicas. Sus certificados son ampliamente utilizados para diversas aplicaciones gubernamentales, incluyendo la declaración de impuestos y la gestión de trámites administrativos.
- Agencia Notarial de Certificación (ANCERT): ANCERT es el prestador de servicios de certificación para los notarios de España, proporcionando certificados digitales que permiten la autenticación segura y la firma de documentos notariales electrónicos.
- Cámaras de Comercio: A través de la red de cámaras de comercio, las empresas en España pueden obtener certificados electrónicos que facilitan la realización de trámites electrónicos con la administración y entre empresas.

Cumplimiento Normativo

Los prestadores de servicios de certificación en España deben cumplir con el marco legal establecido por el Reglamento eIDAS de la Unión Europea, que establece los estándares y requisitos para los servicios de confianza, incluidos los certificados electrónicos. Además, deben adherirse a las normativas nacionales que regulan aspectos específicos de la certificación electrónica y la protección de datos personales.

Servicios Ofrecidos

Además de la emisión de certificados electrónicos, estos prestadores ofrecen una variedad de servicios relacionados, tales como:

- Renovación y Revocación de Certificados: Facilitan la gestión del ciclo de vida de los certificados, permitiendo su renovación y proporcionando mecanismos para la revocación en caso de compromiso o finalización del uso.
- Validación de Firma: Ofrecen servicios para validar la autenticidad y la integridad de las firmas digitales, asegurando la validez legal de los documentos electrónicos firmados.

⇨ Soporte y Asesoramiento: Proporcionan asistencia técnica y asesoramiento sobre la mejor manera de integrar y utilizar los certificados electrónicos en los procesos empresariales y administrativos.

♦ **Importancia Estratégica**

Los prestadores de servicios de certificación son fundamentales para la transformación digital de España, facilitando la implementación de la administración electrónica, el comercio electrónico y la digitalización de los procesos empresariales. Al garantizar la seguridad y la confianza en las transacciones electrónicas, estos prestadores desempeñan un papel crucial en el avance hacia una sociedad digital más integrada y eficiente.

3. TIPOS DE CERTIFICADO ELECTRÓNICO

Los certificados electrónicos se clasifican en diferentes tipos según el propósito y el nivel de seguridad que ofrecen. Esta clasificación permite a los usuarios elegir el certificado más adecuado para sus necesidades específicas, ya sea para la autenticación personal, la firma de documentos digitales, la cifra de comunicaciones o la identificación segura de sitios web.

♦ **Certificados de Persona Física**

Estos certificados vinculan la identidad digital a una persona individual. Son utilizados para autenticar la identidad del titular en transacciones y servicios en línea, permitiendo la firma digital de documentos con plena validez legal.

Son ideales para ciudadanos y profesionales que requieren realizar trámites electrónicos con administraciones públicas, firmar contratos o documentos legales, y autenticarse de manera segura en diversos servicios en línea.

♦ **Certificados de Persona Jurídica**

Asocian la identidad digital a una entidad legal, como una empresa o una organización. Permiten actuar en nombre de la entidad en el entorno digital, facilitando la firma de documentos, la realización de transacciones comerciales y la gestión de trámites administrativos de manera electrónica.

Son esenciales para las empresas que buscan digitalizar sus procesos y necesitan asegurar la autenticidad e integridad de sus comunicaciones y documentos electrónicos.

- **Certificados de Sitio Web (SSL/TLS)**

Estos certificados se utilizan para asegurar la conexión entre el navegador del usuario y el servidor web, proporcionando un canal cifrado para la transmisión de información.

Son fundamentales para garantizar la seguridad en sitios web de comercio electrónico, plataformas bancarias en línea y cualquier otro servicio que requiera la protección de datos sensibles de los usuarios. Ayudan a evitar ataques de intermediarios y garantizan a los usuarios que están conectándose al sitio web auténtico.

- **Certificados de Sello Electrónico**

Los sellos electrónicos son similares a los certificados de persona jurídica pero están destinados a asegurar la procedencia y la integridad de los documentos electrónicos emitidos por entidades. Proporcionan una prueba digital de que un documento ha sido emitido por una entidad específica, lo que es especialmente útil en entornos automatizados donde los documentos se generan y firman electrónicamente sin intervención humana directa.

- **Certificados de Componente**

Estos certificados se utilizan para autenticar y asegurar componentes de hardware o software dentro de un sistema, como servidores, aplicaciones o dispositivos.

Son importantes para establecer la confianza en las comunicaciones entre sistemas y asegurar la integridad de las infraestructuras tecnológicas.

- **Consideraciones para la Elección del Certificado**

Al elegir un certificado electrónico, es importante considerar el nivel de seguridad requerido, el propósito específico para el que se utilizará el certificado y los requisitos legales o reglamentarios aplicables. Los prestadores de servicios de certificación ofrecen asesoramiento y orientación para ayudar a los usuarios y organizaciones a seleccionar el certificado más adecuado para sus necesidades.

4. Clases de certificados electrónicos

Las clases de certificados electrónicos se definen según el nivel de seguridad y el proceso de verificación de la identidad del solicitante que se lleva a cabo antes de su emisión. Estas clases determinan la confiabilidad y los usos aceptados de los certificados en diversas aplicaciones digitales, desde la firma de correos electrónicos hasta transacciones comerciales y legales más complejas.

- **Clase 1**
  - Propósito: Generalmente destinados para usos donde los riesgos y las consecuencias de la suplantación de identidad y los datos son mínimos. Se utilizan principalmente para la firma de correo electrónico y otros usos no críticos.
  - Verificación: La verificación de la identidad para estos certificados es básica, a menudo limitándose a la comprobación del correo electrónico del solicitante sin una rigurosa verificación de la identidad personal o empresarial.
- **Clase 2**
  - Propósito: Adecuados para transacciones que involucran más riesgo que la Clase 1, pero donde aún se consideran moderados. Se utilizan comúnmente para la firma de documentos y autenticación en entornos corporativos y comerciales.
  - Verificación: La verificación de la identidad incluye la comprobación de la información personal o empresarial del solicitante, pero no siempre requiere la presencia física del mismo. Puede incluir métodos como la verificación telefónica o la comprobación de documentos a través de medios electrónicos.
- **Clase 3**
  - Propósito: Estos certificados se utilizan en entornos donde el fraude o la suplantación de identidad tendrían graves consecuencias. Son comunes en el comercio electrónico, la banca en línea y las transacciones legales.

- ⇨ Verificación: La emisión de un certificado de Clase 3 requiere una rigurosa verificación de la identidad, que a menudo incluye la presencia física del solicitante ante la autoridad de certificación o una entidad de registro. Se pueden requerir documentos de identidad oficiales y, en algunos casos, la verificación de antecedentes empresariales.

- **Clase 4**
  - ⇨ Propósito: Diseñados para aplicaciones que exigen un alto nivel de seguridad y donde las transacciones tienen un valor muy alto o riesgos elevados, como en entornos gubernamentales o de infraestructuras críticas.
  - ⇨ Verificación: La verificación de la identidad es extremadamente rigurosa, con procedimientos detallados que pueden incluir la verificación de la identidad personal y empresarial, la presencia física obligatoria, y en algunos casos, la verificación de antecedentes y la autorización de múltiples partes.

4.1. Importancia de las Clases de Certificados

La elección de la clase de certificado adecuada depende del nivel de riesgo asociado con la transacción electrónica y los requisitos de seguridad específicos del caso de uso. Las clases más altas ofrecen mayor seguridad y confianza, pero también implican procesos de verificación más complejos y costos más elevados. Es crucial evaluar las necesidades específicas de seguridad digital y cumplimiento normativo al seleccionar la clase de certificado electrónico para asegurar la adecuada protección de las transacciones y datos sensibles.

5. Procedimiento de obtención de un certificado electrónico de persona física

Obtener un certificado electrónico de persona física en España es un proceso que permite a los ciudadanos autenticarse y realizar transacciones seguras en el entorno digital, interactuando con servicios públicos y privados. Este proceso generalmente implica varios pasos, desde la solicitud inicial hasta la descarga e instalación del certificado en el dispositivo del usuario.

1. Solicitud del Certificado

   - ⇨ Selección del Prestador de Servicios: El primer paso es elegir un prestador de servicios de certificación reconocido, como la Fábrica Nacional de Moneda y Timbre (FNMT), entre otros.

   - ⇨ Rellenar la Solicitud: Acceder al sitio web del prestador seleccionado y completar el formulario de solicitud en línea. Se requerirán datos personales básicos y, en algunos casos, información adicional relevante.

2. Acreditación de la Identidad

   - ⇨ Cita Presencial: Tras enviar la solicitud, se debe realizar una acreditación de identidad, que generalmente requiere la presencia física del solicitante en una oficina de registro autorizada. Se debe presentar un documento de identidad válido, como el DNI o el pasaporte.

   - ⇨ Verificación de Datos: El personal de la oficina de registro verificará la identidad del solicitante y los datos proporcionados en la solicitud.

3. Obtención del Código de Solicitud

   - ⇨ Emisión del Código: Una vez verificada la identidad, se emitirá un código de solicitud o un enlace de confirmación al solicitante, generalmente a través de correo electrónico o un comprobante impreso.

4. Descarga del Certificado

   - ⇨ Acceso al Enlace de Descarga: Con el código de solicitud o a través de un enlace proporcionado, el solicitante debe acceder al sitio web del prestador de servicios para proceder con la descarga del certificado.

   - ⇨ Instalación: Seguir las instrucciones para descargar e instalar el certificado en el navegador web o en el sistema operativo del dispositivo del usuario. Es crucial seguir las recomendaciones de seguridad durante este proceso para asegurar la protección de la clave privada asociada al certificado.

5. Copia de Seguridad

⇨ Realizar una Copia de Seguridad: Es altamente recomendable realizar una copia de seguridad del certificado electrónico y almacenarla en un lugar seguro para prevenir la pérdida o el daño del certificado original.

♦ **Consideraciones Importantes**

⇨ Vigencia del Certificado: Es importante tener en cuenta la fecha de expiración del certificado y realizar los trámites necesarios para su renovación antes de que caduque.

⇨ Seguridad: Mantener la clave privada del certificado segura y protegida es fundamental para evitar el uso no autorizado del certificado electrónico.

Este proceso garantiza que el certificado electrónico emitido esté vinculado de manera segura y confiable a la identidad del titular, permitiendo su uso en una amplia gama de servicios digitales en España.

5.1. Cómo solicitar un certificado software

La solicitud de un certificado software, un tipo de certificado electrónico almacenado y utilizado a través de software en un dispositivo personal, es un proceso accesible que permite a los usuarios garantizar la seguridad de sus transacciones y comunicaciones digitales. A continuación, se detallan los pasos generales para solicitar este tipo de certificado:

1. Selección del Prestador de Servicios

El primer paso es elegir un Prestador de Servicios de Certificación (PSC) confiable y reconocido. En España, entidades como la Fábrica Nacional de Moneda y Timbre (FNMT) son opciones comunes, aunque existen muchas otras a nivel nacional e internacional.

2. Acceso al Portal del Prestador

Visita el sitio web oficial del prestador seleccionado. Busca la sección dedicada a la solicitud de certificados digitales y elige la opción de certificado software para personas físicas o, según el caso, para entidades o profesionales.

3. Rellenar el Formulario de Solicitud

Completa el formulario de solicitud en línea proporcionado por el PSC. Este formulario suele requerir datos personales básicos, como el nombre, los apellidos, el DNI (Documento Nacional de Identidad) y una dirección de correo electrónico de contacto.

4. Verificación de Correo Electrónico

Muchos PSC enviarán un correo electrónico de verificación a la dirección proporcionada. Es necesario acceder a este correo y seguir las instrucciones o el enlace de confirmación para verificar la dirección de correo electrónico y continuar con el proceso.

5. Generación del Código de Solicitud

Durante el proceso de solicitud, se generará un código de solicitud único o un número de referencia. Es crucial guardar este código, ya que será necesario para descargar el certificado una vez completada la acreditación de identidad.

6. Acreditación de Identidad

Dependiendo del prestador y del nivel de seguridad del certificado, puede ser necesario acreditar la identidad de manera presencial en una oficina de registro autorizada o mediante otros métodos alternativos ofrecidos por el PSC, como la identificación en línea a través de sistemas seguros.

7. Descarga e Instalación

Una vez completada la acreditación de identidad y recibido el aviso correspondiente del PSC, accede nuevamente al portal del prestador utilizando el código de solicitud para descargar el certificado.

Sigue las instrucciones proporcionadas para instalar el certificado en el software correspondiente, como un navegador web o un gestor de certificados en el sistema operativo.

5.2. Cómo descargarlo e instalarlo en el equipo

Una vez solicitado un certificado software y completado el proceso de verificación de identidad, el siguiente paso es descargar e instalar el certificado en tu equipo. Este proceso asegura que el certificado esté correctamente integrado en tu sistema o navegador para su uso en autenticación, firma digital y cifrado de comunicaciones.

Aquí te explicamos cómo realizarlo:

1. Descarga del Certificado

   - ⇨ Acceso al Portal del Prestador: Dirígete al sitio web del Prestador de Servicios de Certificación (PSC) desde donde solicitaste el certificado.
   - ⇨ Identificación: Usa el código de solicitud o el enlace proporcionado por el PSC tras la verificación de tu identidad para acceder a la sección de descarga del certificado.
   - ⇨ Descarga: Sigue las instrucciones específicas del sitio para iniciar la descarga del certificado. Es posible que se te solicite ingresar el código de solicitud y otros datos de confirmación.

2. Instalación del Certificado

   - ⇨ Ubicación de Descarga: Guarda el archivo del certificado en una ubicación accesible en tu equipo. El archivo puede tener extensiones como .p12 o .pfx, que incluyen tanto la clave pública como la privada.
   - ⇨ Instalación en el Sistema Operativo:
     - ➤ Windows: Haz doble clic en el archivo del certificado. El Asistente para la importación de certificados se abrirá para guiarte a través del proceso. Selecciona "Almacenamiento de certificados personales" cuando se te solicite elegir el almacén de certificados.
     - ➤ macOS: Haz doble clic en el archivo del certificado para abrir el Acceso a Llaveros. Selecciona el llavero en el que deseas instalar el certificado (generalmente, el llavero de inicio de sesión) y sigue las instrucciones para completar la instalación.

3. Instalación en Navegadores:

La mayoría de los navegadores utilizan el almacenamiento de certificados del sistema operativo, pero algunos, como Firefox, tienen su propio repositorio. En estos casos, debes acceder a las opciones de seguridad o privacidad del navegador para importar el certificado desde el archivo descargado.

4. Verificación de la Instalación

   - ⇨ Verifica la Instalación: Una vez instalado el certificado, puedes verificar su correcta instalación accediendo a la sección de certificados del navegador o del gestor de certificados del sistema operativo. Deberías poder ver tu certificado listado entre los certificados personales.

   - ⇨ Prueba el Certificado: Intenta acceder a un servicio en línea que requiera el uso del certificado, como una plataforma de administración electrónica, para asegurarte de que el certificado funciona correctamente y es reconocido por el servicio.

5. Consideraciones de Seguridad

   - ⇨ Protección de la Clave Privada: Durante el proceso de instalación, asegúrate de proteger la clave privada asociada con tu certificado. Algunos sistemas te solicitarán establecer una contraseña para el archivo del certificado, que deberás recordar para su uso futuro.

   - ⇨ Copia de Seguridad: Es recomendable realizar una copia de seguridad del certificado electrónico y almacenarla en un lugar seguro para evitar la pérdida del acceso a tus servicios digitales en caso de problemas con tu equipo.

Al seguir estos pasos, podrás asegurar la correcta descarga e instalación de tu certificado electrónico, permitiéndote realizar transacciones seguras y autenticarte en diversos servicios en línea.

5.3. Ciclo de vida de un certificado

El ciclo de vida de un certificado electrónico comprende varias etapas, desde su creación hasta su expiración o revocación. Entender este ciclo es crucial para gestionar adecuadamente los certificados y asegurar la continuidad de las operaciones seguras en entornos digitales.

Las etapas principales incluyen:

1. Generación de Claves

La primera etapa implica la generación de un par de claves criptográficas (pública y privada) por parte del usuario o la entidad emisora. La clave privada debe ser mantenida en secreto por el titular, mientras que la clave pública se incluirá en el certificado electrónico.

2. Solicitud del Certificado (CSR)

El titular envía una Solicitud de Firma de Certificado (CSR, por sus siglas en inglés) a una Autoridad de Certificación (CA), incluyendo la clave pública y la información de identidad que será certificada. Este proceso puede realizarse a través de herramientas de software o directamente en el sitio web del proveedor de servicios de certificación.

3. Validación

La CA valida la identidad del solicitante y la autenticidad de la información proporcionada. El nivel de validación puede variar dependiendo del tipo de certificado solicitado, desde una simple verificación por correo electrónico hasta una validación en persona o documental más rigurosa.

4. Emisión del Certificado

Una vez completada la validación, la CA emite el certificado electrónico, firmando digitalmente la clave pública del solicitante junto con la información de identidad validada. El certificado incluye también el periodo de validez y la firma digital de la CA.

5. Instalación

El titular recibe el certificado y lo instala en su sistema o dispositivo, asegurándose de que la clave privada correspondiente esté adecuadamente protegida y asociada al certificado.

6. Uso del Certificado

El certificado puede ser utilizado para una variedad de propósitos, como la autenticación en servicios en línea, la firma digital de documentos o el cifrado de comunicaciones, dependiendo de su tipo y propósito.

7. Renovación

Antes de que el certificado expire, el titular debe iniciar el proceso de renovación si desea continuar utilizando los servicios asociados al certificado. Este proceso puede requerir una nueva validación de identidad y la emisión de un nuevo par de claves.

8. Expiración

Si el certificado no se renueva, expirará en la fecha indicada, dejando de ser válido para usos digitales. Los servicios y aplicaciones que dependen del certificado pueden empezar a rechazarlo como método de autenticación o firma.

9. Revocación

Un certificado puede ser revocado antes de su fecha de expiración si se compromete la clave privada, si cambia la información de identidad del titular o por otras razones de seguridad. La CA mantiene una lista de revocación de certificados (CRL) o utiliza el Protocolo de Estado de Certificado en Línea (OCSP) para difundir la información sobre los certificados revocados.

- **Importancia del Ciclo de Vida del Certificado**

Gestionar adecuadamente el ciclo de vida de un certificado electrónico es esencial para mantener la seguridad y la confiabilidad de las transacciones y comunicaciones digitales. Los titulares de certificados y las organizaciones deben establecer políticas y procedimientos para monitorear y gestionar estos ciclos, asegurando que los certificados sean renovados o reemplazados según sea necesario para evitar interrupciones en el servicio.

6. La confidencialidad del certificado electrónico

La confidencialidad del certificado electrónico es un aspecto fundamental de su seguridad y fiabilidad. Aunque los certificados en sí mismos contienen información pública, como la clave pública del titular y sus datos de identificación, la gestión de la confidencialidad se centra principalmente en la protección de la clave privada asociada al certificado.

La clave privada debe ser manejada y almacenada con el máximo cuidado para evitar accesos no autorizados, ya que su compromiso puede llevar a la suplantación de identidad, la firma de documentos fraudulentos, y otros riesgos de seguridad.

- **Protección de la Clave Privada**

  - ⇨ Almacenamiento Seguro: La clave privada debe almacenarse en un entorno seguro y protegido. Esto puede implicar el uso de dispositivos de hardware especializados como tokens criptográficos o tarjetas inteligentes que almacenan la clave privada de manera segura y requieren una autenticación física (como un PIN) para su uso.

  - ⇨ Control de Acceso: Limitar el acceso a la clave privada únicamente al titular del certificado o a personas autorizadas, mediante el uso de contraseñas fuertes, autenticación de múltiples factores y otras medidas de seguridad.

  - ⇨ Cifrado: Utilizar técnicas de cifrado robustas para proteger la clave privada, especialmente si se almacena en medios digitales susceptibles a accesos no autorizados.

- **Buenas Prácticas para la Gestión de Claves**

  - ⇨ Copia de Seguridad: Realizar copias de seguridad de la clave privada y del certificado, almacenándolas en ubicaciones seguras y protegidas para prevenir la pérdida de acceso en caso de fallo del dispositivo o medios de almacenamiento principales.

  - ⇨ Gestión de Contraseñas: Utilizar contraseñas fuertes y únicas para proteger el acceso a la clave privada y cambiarlas regularmente para reducir el riesgo de compromiso.

  - ⇨ Concienciación y Formación: Es crucial que los titulares de certificados estén informados sobre la importancia de la confidencialidad de la clave privada y conozcan las mejores prácticas para su gestión y protección.

- **En Caso de Compromiso**

  - ⇨ Revocación del Certificado: Si se sospecha que la confidencialidad de la clave privada ha sido comprometida, es esencial revocar el certificado de inmediato y notificar a la Autoridad de Certificación para que tome las medidas correspondientes.

  - ⇨ Análisis de Seguridad: Realizar un análisis de seguridad para entender cómo se ha producido el compromiso y tomar medidas para prevenir incidentes similares en el futuro.

- **Importancia de la Confidencialidad**

La confidencialidad y la gestión adecuada de la clave privada son esenciales para la integridad y la fiabilidad de las transacciones y comunicaciones electrónicas. La protección de esta clave asegura que solo el titular legítimo del certificado pueda utilizarlo para firmar documentos o autenticarse, manteniendo así la confianza en los procesos digitales que dependen de certificados electrónicos.

7. Extinción de la vigencia de los certificados electrónico

La extinción de la vigencia de los certificados electrónicos es una fase natural en su ciclo de vida. Esto puede ocurrir por varias razones, y es fundamental que los titulares de certificados y las organizaciones estén preparados para gestionar este proceso de manera segura y eficiente para mantener la continuidad de las operaciones digitales.

- **Expiración**

  - ⇨ Cada certificado electrónico tiene un periodo de validez definido, que suele estar indicado en el propio certificado. Al llegar a la fecha de expiración, el certificado deja de ser válido para usos digitales como la firma electrónica, la autenticación o el cifrado.

  - ⇨ Es importante monitorear las fechas de expiración de los certificados y planificar su renovación con anticipación para evitar interrupciones en los servicios que dependen de ellos.

- **Revocación**

  ⇨ Un certificado puede ser revocado antes de su fecha de expiración por diversas razones, como la sospecha de compromiso de la clave privada, cambios en la información personal o de la entidad que el certificado certifica, o por incumplimiento de las políticas de uso del certificado.

  ⇨ Las Autoridades de Certificación mantienen listas de certificados revocados (CRL) o sistemas de consulta de estado de certificados en tiempo real (OCSP) para permitir a los usuarios y sistemas verificar la validez de los certificados.

- **Renovación**

  ⇨ Antes de la expiración de un certificado, es posible iniciar un proceso de renovación. Este proceso puede requerir una nueva verificación de la identidad y la generación de un nuevo par de claves criptográficas, dependiendo de la política de la Autoridad de Certificación.

  ⇨ La renovación asegura la continuidad del uso del certificado sin interrupción, pero debe planificarse y ejecutarse adecuadamente antes de la expiración del certificado actual.

- **Sustitución**

En algunos casos, puede ser necesario sustituir un certificado antes de su expiración debido a cambios tecnológicos, actualizaciones de seguridad o cambios en los requisitos reglamentarios.

La sustitución implica la obtención de un nuevo certificado y la revocación del anterior.

- **Gestión de la Extinción de la Vigencia**

  ⇨ Políticas de Gestión de Certificados: Las organizaciones deben establecer políticas claras para la gestión del ciclo de vida de los certificados, incluyendo la monitorización de su validez, la renovación oportuna y la revocación y sustitución cuando sea necesario.

⇨ Herramientas de Gestión de Certificados: Existen herramientas y sistemas de gestión de certificados que pueden automatizar parte de este proceso, alertando sobre las próximas expiraciones y facilitando la renovación y revocación de certificados.

⇨ Comunicación y Formación: Es importante asegurarse de que los empleados y usuarios de certificados estén informados sobre la importancia de la gestión de la vigencia de los certificados y sobre cómo proceder en caso de expiración o revocación.

8. Certificados reconocidos

Los certificados reconocidos son aquellos que cumplen con estándares y regulaciones específicas establecidas por autoridades competentes, asegurando así un alto nivel de confianza y seguridad en las transacciones electrónicas.

En el contexto de la Unión Europea, por ejemplo, el Reglamento eIDAS establece el marco legal para los servicios de confianza, incluidos los certificados electrónicos, y define los criterios para que estos sean considerados "reconocidos".

♦ **Características de los Certificados Reconocidos**

⇨ Conformidad Regulatoria: Cumplen con las regulaciones y estándares nacionales e internacionales, como el Reglamento eIDAS en la Unión Europea.

⇨ Emisión por Prestadores Calificados: Son emitidos por Prestadores de Servicios de Confianza (PSC) calificados que han sido oficialmente acreditados por una autoridad supervisora competente.

⇨ Alto Nivel de Seguridad: Incluyen mecanismos de seguridad avanzados y son emitidos tras rigurosos procesos de verificación de identidad, asegurando la autenticidad e integridad de las transacciones.

⇨ Reconocimiento Transfronterizo: En el caso de la UE, los certificados reconocidos emitidos en un Estado miembro son aceptados en todos los demás Estados miembros, facilitando las transacciones electrónicas a nivel europeo.

- **Uso de Certificados Reconocidos**
  - Firma Electrónica Cualificada: Los certificados reconocidos son comúnmente utilizados para crear firmas electrónicas cualificadas, que tienen un efecto jurídico equivalente al de una firma manuscrita en toda la UE.
  - Sellado Electrónico: Para entidades corporativas y organizaciones, el uso de certificados reconocidos en sellos electrónicos cualificados asegura la integridad y el origen de los documentos electrónicos.
  - Autenticación de Sitios Web: Los certificados reconocidos también se utilizan para autenticar la identidad de sitios web, proporcionando un entorno seguro para transacciones en línea mediante el cifrado SSL/TLS.
- **Beneficios de los Certificados Reconocidos**
  - Confianza y Seguridad: Aumentan la confianza en las transacciones electrónicas al garantizar la seguridad y la autenticidad de las comunicaciones.
  - Eficiencia Operativa: Facilitan la realización de transacciones electrónicas de manera eficiente, eliminando la necesidad de procesos en papel y presencia física.
  - Conformidad Legal: Garantizan el cumplimiento de las obligaciones legales y regulatorias, reduciendo los riesgos legales y de conformidad para individuos y organizaciones.
- **Consideraciones para la Obtención**
  - Selección del Prestador: Es importante elegir un PSC calificado y reconocido que ofrezca los niveles de servicio y seguridad requeridos.
  - Proceso de Solicitud: Los solicitantes deben estar preparados para completar un proceso de verificación de identidad más riguroso en comparación con certificados no reconocidos.
  - Costo: Los certificados reconocidos pueden tener un costo más alto debido a los niveles de seguridad y confianza que proporcionan, así como al proceso de acreditación del emisor.

8.1. Obligaciones del prestador de servicios

Los prestadores de servicios de certificación que emiten certificados reconocidos tienen una serie de obligaciones legales y operativas para garantizar la seguridad, confiabilidad y conformidad de los servicios que ofrecen.

Estas obligaciones varían según la legislación y los estándares aplicables en cada jurisdicción, pero en general, incluyen aspectos fundamentales que son esenciales para mantener la confianza en los sistemas de firma electrónica y otros servicios de confianza.

1. Verificación Rigurosa de la Identidad

Los prestadores deben realizar una verificación rigurosa de la identidad y otros atributos de los solicitantes antes de emitir certificados reconocidos. Esto puede incluir la verificación de documentos oficiales, la confirmación de datos personales o corporativos y, en algunos casos, la validación presencial.

2. Seguridad de la Infraestructura Tecnológica

Deben asegurar la seguridad de su infraestructura tecnológica, incluyendo sistemas de almacenamiento de datos, servidores de certificados y mecanismos de generación de claves, para proteger contra el acceso no autorizado, la manipulación o la pérdida de información sensible.

3. Empleo de Prácticas y Estándares Técnicos

Se espera que utilicen prácticas y estándares técnicos reconocidos para la generación, emisión, gestión y revocación de certificados, asegurando así la calidad y la seguridad de los certificados emitidos.

4. Gestión de Revocaciones

Deben proporcionar un mecanismo eficaz y accesible para la revocación de certificados, permitiendo a los titulares o a terceros autorizados reportar el compromiso o la pérdida de claves privadas, así como cambios en la información que harían que el certificado ya no sea válido.

5. Transparencia y Políticas Claras

Están obligados a publicar y mantener actualizadas sus políticas y prácticas de certificación, incluyendo detalles sobre los procedimientos de emisión y revocación de certificados, así como las responsabilidades de los titulares de certificados.

6. Registro y Auditoría

Deben llevar un registro detallado de todas las operaciones relacionadas con la emisión y gestión de certificados y someterse a auditorías periódicas por entidades independientes para verificar el cumplimiento de las normativas y estándares aplicables.

7. Protección de Datos Personales

En jurisdicciones con regulaciones estrictas de protección de datos, como la Unión Europea con el GDPR, los prestadores deben asegurar la protección de los datos personales de los solicitantes y titulares de certificados, implementando medidas adecuadas de seguridad de datos y garantizando los derechos de acceso, rectificación y supresión.

8. Atención al Cliente y Resolución de Disputas

Deben ofrecer canales de atención al cliente efectivos para resolver cualquier consulta o problema relacionado con los certificados emitidos y establecer procedimientos claros para la resolución de disputas.

Estas obligaciones son esenciales para asegurar que los prestadores de servicios de certificación operen de manera que mantenga la confianza del público y de las partes interesadas en los sistemas de firma electrónica y otros servicios de confianza digital. El incumplimiento de estas obligaciones puede llevar a sanciones legales, la pérdida de la acreditación y, lo que es más importante, puede socavar la confianza en los certificados emitidos y en el ecosistema digital en su conjunto.

8.2. Comprobación de la identidad

La comprobación de la identidad es un paso crucial en el proceso de emisión de certificados electrónicos reconocidos.

Los prestadores de servicios de certificación tienen la responsabilidad de asegurar que la identidad del solicitante corresponda con la persona o entidad que pretende ser, antes de emitir un certificado. Este proceso de validación es fundamental para mantener la integridad y la confianza en las transacciones electrónicas.

- **Métodos de Verificación**

  - Documentación Oficial: La forma más común de verificar la identidad es a través de documentos oficiales, como el DNI, el pasaporte o el NIE en España. Los solicitantes pueden requerir presentar estos documentos en persona o proporcionar copias certificadas.

  - Presencia Física: Para certificados de alto nivel de seguridad, como los certificados cualificados, puede exigirse la presencia física del solicitante en una oficina de registro autorizada para verificar su identidad directamente.

  - Verificación Electrónica: Algunos prestadores utilizan métodos de verificación electrónica, que pueden incluir la comparación de datos con bases de datos oficiales, la verificación de información crediticia o el uso de servicios de identificación en línea.

  - Otros Métodos: Dependiendo de la jurisdicción y el tipo de certificado, pueden emplearse otros métodos, como la verificación telefónica, la firma de declaraciones juradas o la validación a través de terceros de confianza.

- **Niveles de Verificación**

  - Básico: Adecuado para certificados destinados a aplicaciones de bajo riesgo, donde las consecuencias de un error de identificación son mínimas. La verificación puede ser relativamente simple, como la confirmación de la dirección de correo electrónico.

  - Intermedio: Requiere una verificación más detallada de la identidad, adecuada para transacciones con un nivel moderado de riesgo. Esto puede incluir la comprobación de varios documentos de identidad o la verificación de datos personales a través de bases de datos.

- ⇨ Avanzado: Destinado a certificados de alta seguridad, como los certificados cualificados para firma electrónica. La verificación de la identidad es exhaustiva y puede requerir la presencia física del solicitante, la presentación de múltiples formas de identificación y, en algunos casos, la confirmación de información adicional.

♦ **Importancia de la Comprobación de Identidad**

- ⇨ Confianza: Una verificación de identidad rigurosa es esencial para establecer y mantener la confianza en las transacciones electrónicas, asegurando que los certificados electrónicos sean emitidos únicamente a individuos o entidades legítimos.
- ⇨ Seguridad: Previene el fraude y el uso indebido de certificados, reduciendo el riesgo de actividades maliciosas como la suplantación de identidad y la firma electrónica fraudulenta.
- ⇨ Conformidad Legal: Cumple con las regulaciones y normativas aplicables, garantizando que los certificados emitidos sean reconocidos y aceptados para usos legales y comerciales.

8.3. El certificado electrónico del prestador extraeuropeo

Los certificados electrónicos emitidos por prestadores de servicios de certificación (PSC) fuera del ámbito de la Unión Europea (extraeuropeos) plantean consideraciones particulares en cuanto a su reconocimiento y aceptación dentro de la UE. Estos certificados pueden ser utilizados para diversas aplicaciones, incluyendo la firma electrónica, la autenticación y el cifrado, pero su validez y confiabilidad en la UE dependen de su conformidad con los estándares y regulaciones establecidos, principalmente bajo el Reglamento eIDAS.

♦ **Reconocimiento en la UE**

- ⇨ Para que un certificado electrónico emitido por un prestador extraeuropeo sea reconocido en la Unión Europea, dicho prestador debe cumplir con los requisitos del Reglamento eIDAS y, en muchos casos, debe estar incluido en una lista de confianza (TSL) de la UE.

- ⇨ La aceptación de certificados de prestadores extraeuropeos también puede ser facilitada por acuerdos bilaterales o multilaterales entre la UE y terceros países o por el reconocimiento mutuo de esquemas de firma electrónica.

- **Conformidad con eIDAS**

  - ⇨ Los prestadores extraeuropeos que busquen ofrecer servicios de certificación electrónica dentro de la UE deben demostrar su conformidad con los estándares de seguridad, privacidad y operación definidos por eIDAS.

  - ⇨ Esto incluye, entre otros, la verificación rigurosa de la identidad, la gestión segura de claves criptográficas, la infraestructura tecnológica robusta y las prácticas de revocación eficientes.

- **Uso de Certificados Extraeuropeos**

  - ⇨ Los certificados emitidos por prestadores extraeuropeos pueden ser utilizados para transacciones internacionales y comunicaciones entre empresas y entidades situadas dentro y fuera de la UE, siempre que sean aceptados por las partes involucradas.

  - ⇨ Sin embargo, para usos específicos que requieren certificados cualificados, como la firma de documentos con efectos legales dentro de la UE, es esencial que el certificado sea emitido por un PSC cualificado y reconocido bajo eIDAS.

- **Desafíos y Consideraciones**

  - ⇨ Interoperabilidad: Garantizar la interoperabilidad técnica y legal de los certificados extraeuropeos con los sistemas y marcos regulatorios de la UE puede ser complejo, requiriendo a menudo la adaptación de los procedimientos de emisión y gestión de certificados.

  - ⇨ Confianza: Establecer la confianza en los certificados emitidos por prestadores extraeuropeos implica asegurar la transparencia de sus operaciones y la rigurosidad de sus prácticas de seguridad.

- ⇨ Revocación y Validación: La capacidad para verificar el estado de un certificado (válido, revocado o expirado) en tiempo real es crucial, especialmente para certificados utilizados en transacciones críticas.

Para facilitar el uso transfronterizo de certificados electrónicos y apoyar la economía digital global, es importante promover la armonización de los estándares y prácticas de certificación electrónica a nivel internacional. Esto incluye el trabajo hacia la interoperabilidad de los esquemas de certificación y el reconocimiento mutuo de certificados, asegurando que los certificados emitidos por prestadores extraeuropeos puedan ser utilizados de manera efectiva y segura dentro de la Unión Europea.

RESUMEN

- El tema aborda diversos aspectos relacionados con los certificados electrónicos, herramientas esenciales para la seguridad digital que facilitan la autenticación, firma digital y cifrado en el entorno digital mediante la criptografía de clave pública. Se discuten los tipos de certificados (personales, empresariales, de sitio web), el proceso de emisión y gestión por parte de los Prestadores de Servicios de Certificación, y la importancia de la verificación de identidad para asegurar la autenticidad y seguridad de las transacciones electrónicas.
- Se destaca la distinción entre certificados reconocidos y no reconocidos, siendo los primeros aquellos que cumplen con estándares y regulaciones específicas, como el Reglamento eIDAS en la UE, lo que garantiza un alto nivel de confianza y seguridad. Además, se aborda el ciclo de vida de un certificado electrónico, desde su generación hasta su expiración o revocación, y se subraya la importancia de la confidencialidad, especialmente en la protección de la clave privada.
- También se menciona la extinción de la vigencia de los certificados y las obligaciones de los prestadores de servicios para garantizar la seguridad y confiabilidad de los certificados emitidos. Por último, se discuten los certificados emitidos por prestadores extraeuropeos y su reconocimiento en la UE, subrayando la necesidad de cumplir con regulaciones como eIDAS para su aceptación y uso transfronterizo.
- En resumen, el tema ofrece una visión integral sobre los certificados electrónicos, destacando su papel crítico en la seguridad digital, los procesos de emisión y gestión, y las consideraciones legales y técnicas para su uso efectivo en transacciones y comunicaciones electrónicas seguras.

Glosario

Acceso Directo

Estos aparecen como iconos con una pequeña flecha en la parte inferior izquierda. Puede arrancar un programa o documento pulsando dos veces sobre el icono. Algunos programas, crean por sí solo durante la instalación un acceso directo en el escritorio de Windows.

Ancho de Banda

Es la cantidad de información que se transmite de un ordenador a otro a través de una conexión en un tiempo dado. Se mide normalmente en bits por segundo.

Antivirus

Programas que buscan detectar un virus informático, bloquearlo, desinfectar y prevenir una infección de los mismos, así como reconocer otros tipos de malware, como spyware, rootkits, etc.

Archivo

Unidad básica de almacenamiento de información (textos, bases de datos, hojas de cálculo, etc.) Cada aplicación informática está asociada a un tipo de archivo que gráficamente está indicado por un icono representativo del programa en la parte superior izquierda.

Área de Trabajo

Es la parte de los programas en la que se pueden agregar, quitar o modificar elementos para obtener un documento de determinado tipo. En un programa de proceso de textos esta área es donde podemos escribir. En Windows el área de trabajo es una ventana que aparece justo debajo de la barra de los menús.

Arrastrar

Mover un objeto gráfico por la pantalla manteniendo pulsado el botón del ratón. Basta con pulsarlo y sin soltar mover el ratón hasta la posición deseada.

Arroba @

Es el famoso símbolo @ utilizado en todas las direcciones de correo electrónico. Se utiliza como separador entre el nombre del usuario y el nombre de la máquina donde reside la cuenta.

Barra de Desplazamiento

Esta barra se encuentra en la parte inferior y/o derecha de las ventanas para permitir desplazarse dentro de las mismas en el caso de que no se puedan visualizar todos los objetos que contiene.

Barra de Estado

Es la barra situada en la parte inferior de la ventana de la mayoría de los programas. Muestra información acerca de un comando seleccionado o de una operación en curso. En la parte derecha de la barra de estado se indica si están activadas las teclas de bloqueo de mayúsculas o del teclado numérico.

Barras de Herramientas

Las aplicaciones de Windows 7 se distinguen de otros programas por varios detalles, pero uno de los que realmente ayuda a que sean más cómodas y fáciles de usar es la presencia de una barra de herramientas. De esta forma, en lugar de tener que buscar por los menús cada uno de los comandos que se quieren emplear, basta con efectuar una simple pulsación con el ratón sobre el icono correspondiente.

Barra de Herramientas de Formato

Los botones presentes en esta barra permiten acceder rápidamente a los comandos de formato sin recurrir a los menús.

Barra de Herramientas Estándar

Contiene una serie de botones que permiten el acceso rápido a algunos comandos del programa evitando el uso de los menús. Los botones activan funciones fundamentales más o menos presentes en todos los programas.

Barra de Menús

Los programas de Windows tienen colocados los comandos principales en una línea en la parte superior de la ventana, justo debajo del titulo de la aplicación. Se accede a cada categoría o submenú haciendo clic con el ratón sobre una de ellas.

Barra de Tareas

Es la barra que se encuentra en la parte inferior del escritorio en Windows 7, si bien se puede situar en cualquier lateral del escritorio. En ella, además de encontrar el botón de inicio y el reloj, irán apareciendo los botones de las distintas aplicaciones que estén activas. Estos botones serán muy útiles para cambiar entre las distintas tareas.

Barra de Título

El icono que se encuentra al comienzo de la barra activa es el menú de control, con el que es posible reducir a icono, redimensionar la ventana del programa y cerrar la aplicación. A continuación, va el nombre de la aplicación y el nombre del archivo abierto. Los tres botones situados a la derecha de la barra sirven para: reducir la ventana de la aplicación a icono (el primero), ampliarla o reducirla (el segundo) y cerrarla (el tercero)

Buscar

Windows 7 pone a su disposición un complejo sistema de búsqueda que le permitirá encontrar archivos o carpetas que estén en los distintos discos de su ordenador.

Carpetas

Son iconos que pueden contener otros iconos de ficheros, u otras carpetas. También se les llama directorios. Para abrir una carpeta hay que hacer doble clic sobre el icono que la representa. Al mover o copiar una carpeta se moverán o copiaran los ficheros y carpetas que contiene.

CD-ROM

Las unidades de CD-ROM son lectores de CD para ordenador. Pueden leer no sólo los CD de música, como los tradicionales lectores de CD, sino también los CD-ROM que almacenan programas y datos con una capacidad de hasta 700 Megabytes.

Comando

Instrucción que ejecuta de manera inmediata el ordenador una vez se hace clic sobre un botón o un elemento de menú.

Configuración

Conjunto de parámetros con los que se define toda la estructura de un ordenador, tanto desde el punto de vista físico como de software. La configuración incluye el procesador, la memoria, las unidades de almacenamiento, el sistema operativo, etc.

Contraseña

Palabra o cadena de caracteres, normalmente secreta, usada como herramienta de seguridad para identificar usuarios de una aplicación, archivo o red. Puede ser una palabra o frase de carácter alfanumérico, muy útil para prevenir accesos a información confidencial.

Control

Nombre dado a los tres botones, dispuestos en la parte superior derecha de las ventanas de Windows, que controlan su gestión. El primero sirve para reducir a icono la ventana, el segundo para redimensionarla y el tercero para cerrarla.

Cookies

El "cookie" es un mecanismo utilizado en los programas que se usan en el servidor. Permite salvar y recuperar datos en la máquina del usuario. El servidor, al enviar una página web al usuario, puede incluir un código que es guardado en el ordenador de éste. Dicho código contiene, entre otras informaciones, una lista de direcciones para los cuales el código debe activarse. Cualquier llamada futura a una dirección que sea listada en el código "cookie" hará que el explorador envíe de vuelta al servidor la información guardada en este "cookie".

Cuadro de Diálogo

Recuadro de la pantalla que aparece tras haber seleccionado una opción o una subopción de los menús, en el que es posible elegir entre varias opciones.

Cursor

Signo de referencia que aparece en la pantalla del ordenador para indicar dónde aparecerá tecleado.

Directorio

Son "cajones" en los que se pueden guardar archivos y otros directorios. En Windows se les llama carpetas y se representan por iconos que pueden contener otros iconos de ficheros, u otras carpetas. Para abrir un directorio haz doble clic sobre su icono. Al mover o copiar una carpeta se moverán o copiarán los ficheros y carpetas que contiene.

Escritorio

Es la superficie principal de trabajo de Windows 7. En esta superficie podemos dejar todo tipo de ficheros y aplicaciones para que estén accesibles en cualquier momento. En el escritorio encontraremos iconos importantes como "Mí PC" o "La papelera de reciclaje". Podemos personalizarla con diferentes fondos.

Explorador de Windows

El Explorador es uno de los programas principales de Windows 7. Permite tratar los archivos y directorios de forma gráfica. Desde este programa se pueden copiar y borrar ficheros.

Formatear

Es el proceso mediante el cual se prepara un disco para que pueda almacenar información. El formateo permite que el sistema pueda almacenar ficheros y luego localizarlos dentro del disco. Si formateamos un disco que contenga información, borraremos todos los datos que contiene el disco.

Fuente

También se utiliza "tipo de letra". Consiste en una forma de representar los caracteres en la pantalla del ordenador y en la impresora. Existen distintas fuentes que se adaptan a distintos tipos de documentos y partes del mismo. Dentro de las fuentes podemos elegir distintos tamaños y efectos como la negrita o la cursiva.

Gusano

Malware que tiene la propiedad de duplicarse a sí mismo. Los gusanos utilizan las partes automáticas de un sistema operativo que generalmente son invisibles al usuario.

Hacer Clic

Si presionamos una tecla del ratón, ésta hace clic. Si no se especifica lo contrario siempre se refiere a hacer clic con el botón izquierdo del ratón. Para algunas acciones es necesario el doble clic.

Hipervínculo

Los vínculos o hipervínculos son las palabras de una web que te permiten "saltar" a otra página. Los vínculos aparecen como palabras con un color particular (muchas veces azul) subrayadas, sobre las que el puntero del ratón se transforma en una mano.

Http

(Protocolo de transferencia de hipertexto) Método mediante el cual se transfieren documentos desde el servidor a los exploradores y usuarios individuales.

Icono

Es un elemento gráfico de Windows que puede ser pulsado directamente con el ratón para realizar una determinada función. Se encuentra presente en la mayoría de los programas para ayudar a realizar las tareas más fácilmente.

Imprimir

Envía el documento a la impresora sin pasar por las opciones de impresión.

Lista

Visualiza simplemente una lista de los archivos.

Marcar

Cuando se quiere copiar, mover, borrar o arrastrar un archivo o un texto, debe marcarlo primero. Para conseguir esto es suficiente en el Explorador hacer clic sobre un archivo o directorio.

Menú de Inicio

Recibe su nombre del botón Inicio. Aparece nada más hacer clic sobre él. A través del menú inicio puedes acceder a las funciones más importantes de Windows y a los programas instalados en tu ordenador.

Menú Ver

Permite seleccionar varios tipos de visualización del documento, elegir las barras de herramientas más idóneas para el trabajo que se está desarrollando, y mostrar u ocultar la regla.

MS-DOS

Es la abreviatura de "Microsoft Disk Operating System". Es un sistema operativo, es decir, el conjunto de programas que regula el PC. En MS_DOS los comandos se ejecutan con el teclado y no con el ratón como en Windows 7.

Nombre de Archivo

Los archivos tienen un nombre que hace referencia a su contenido. Normalmente se suelen utilizar nombres que resulten fáciles de recordar.

Objeto

Es un término genérico que sirve para denominar a cualquier elemento de los que componen un dibujo o imagen, ya sea líneas, formas, texto... Cuando señalas uno de ellos le aparecen ocho tiradores a su alrededor. Sobre los objetos puedes realizar un gran número de operaciones, como copiarlos, borrarlos, modificar su tamaño, etc.

Página (WEB)

En Internet se llaman páginas o páginas webs a las pantallas de texto que los usuarios pueden ver en el navegador.

Página de Inicio

Es la primera página que aparece cuando se accede a un servidor de páginas Web, y es desde donde se puede explorar dicho servidor.

Panel de Control

Es una ventana de Windows 7 desde la que se puede acceder a toda la información y configuración del sistema. Es decir, se puede comprobar y ajustar el funcionamiento de cualquier dispositivo o periférico del ordenador, configurar el teclado, el ratón, la impresora tarjeta de sonido, tarjeta de red, y ajustar la resolución y colores de la tarjeta de vídeo y del monitor.

Papelera de Reciclaje

En ella quedan guardados los archivos y acceso directos eliminados en Windows. Todos estos elementos quedan almacenados a la espera de que los borres completamente de tu disco duro vaciando dicha papelera. En caso de que hubieses borrado algo por error, la papelera te permite restaurar el elemento a su estado anterior, siempre y cuando aún no hayas vaciado ya la papelera.

Portapapeles

Cada vez que se quieran copiar datos de un documento a otro, éstos se almacenan en una zona determinada de memoria destinada a guardar ese tipo de información de carácter temporal. En el momento que se decide hacer uso de esa información, el Portapapeles envía al programa que lo solicite los datos guardados para poder utilizarlos en el programa.

Programa

Aplicación informática que permite el tratamiento de un tipo determinado de información (texto e imágenes, gestión de datos, operaciones aritméticas, etc.) mediante la comunicación basada en una secuencia de instrucciones u órdenes que conoce el ordenador y el usuario. Algunos de los programas más conocidos son: el procesador de textos Word; la hoja de cálculo Excel; la base de datos Access...

Regla

En la ventana de WordPad se encuentra bajo las barras de herramientas. Actuando sobre ella es posible modificar el formato del texto, los sangrados de los párrafos y las tabulaciones.

Sangría

Opción que permite adentrar el texto del documento con respecto a los márgenes. La gestión de las sangrías se efectúa mediante los botones Aumentar la sangría o Reducir la sangría, de la barra de las herramientas de formato, o mediante las opciones del cuadro de diálogo Párrafo, presente bajo el menú Formato.

Scandisk

Es una operación del sistema que efectúa una comprobación de los datos en el disco duro o en los disquetes. Si encuentra errores, este programa mueve los datos de los sectores erróneos a una zona segura del disco. También marca los sectores defectuosos para que no vuelvan a ser utilizados.

Servidor

Es un ordenador conectado permanentemente a Internet, el cual está dispuesto para servir a cuantos clientes le hagan alguna petición. Existen servidores de correo electrónico, de WWW y FTP.

Sistema Operativo

Soporte o plataforma informática en la que se encuentran instalados los programas.

Sobreescritura

Modo que permite sustituir un texto nuevo con el texto del documento, tecleándolo directamente encima.

Spam

Se llama spam, correo basura o sms basura a los mensajes no solicitados, habitualmente de tipo publicitario, enviados en grandes cantidades (incluso masivas) que perjudican de alguna o varias maneras al receptor. La acción de enviar dichos mensajes se denomina spamming.

Tabulador

Tecla usada para desplazar el texto en intervalos fijados por los tabuladores.

TCP/IP

Protocolo de control de transmisiones /protocolo Internet. Es el protocolo estándar de comunicaciones en red utilizado para conectar sistemas informáticos a través de Internet.

Transferir

Trasladar programas o datos de equipos informáticos a dispositivos conectados, normalmente de servidores a PCs.

Unidad

Estructura de almacenamiento de información en forma de archivos. Además de las unidades A: y C: podemos encontrar el CD ROM y las unidades de almacenamiento externo (ZIP, JAZ, etc.)

Ventana

Área rectangular que contiene un documento o un programa.

Viñetas

Gráficos que se utilizan para resaltar o enumerar un párrafo de texto, normalmente una clasificación.

Web (Página)

Es un documento que se ubica en Internet. Las webs (o páginas web) contienen enlaces con otras páginas, lo que permite la navegación por la red.

WWW

Abreviación de “World Wide Web” o, “Telaraña de Alcance Mundial”. También se le llama directamente “web”. Es el conjunto de las “direcciones” del mundo presentes en Internet. Se visualiza con un navegador.

Zoom

Se utiliza para definir el factor de ampliación que se puede aplicar a un objeto concreto. Normalmente se expresa en porcentajes, donde el 100% es el tamaño real del objeto. Así, si hablamos de un factor de zoom del 200%, estamos queriendo decir que la representación del objeto es dos veces la de su tamaño real.